中国建筑业改革与发展研究报告(2019)

——优化发展环境与提升发展质量

住房和城乡建设部建筑市场监管司
住房和城乡建设部政策研究中心　编著

中国建筑工业出版社

图书在版编目(CIP)数据

中国建筑业改革与发展研究报告.2019：优化发展环境与提升发展质量/住房和城乡建设部建筑市场监管司，住房和城乡建设部政策研究中心编著.—北京：中国建筑工业出版社，2019.10
 ISBN 978-7-112-24478-2

Ⅰ.①中… Ⅱ.①住…②住… Ⅲ.①建筑业-经济体制改革-研究报告-中国-2019②建筑业-经济发展-研究报告-中国-2019 Ⅳ.①F426.9

中国版本图书馆 CIP 数据核字(2019)第 272113 号

责任编辑：张智芊
责任校对：赵听雨

中国建筑业改革与发展研究报告
(2019)
——优化发展环境与提升发展质量
住房和城乡建设部建筑市场监管司　编著
住房和城乡建设部政策研究中心

*

中国建筑工业出版社出版、发行(北京海淀三里河路9号)
各地新华书店、建筑书店经销
北京鸿文瀚海文化传媒有限公司制版
北京建筑工业印刷厂印刷

*

开本：787×960毫米　1/16　印张：7¼　字数：111千字
2020年1月第一版　2020年1月第一次印刷
定价：37.00元
ISBN 978-7-112-24478-2
(34892)

版权所有　翻印必究
如有印装质量问题，可寄本社退换
(邮政编码 100037)

编 写 说 明

《中国建筑业改革与发展研究报告（2019）》在编撰单位的努力和建筑业各行业协会、企业、相关单位的大力支持下，继续得以与行业内外读者见面。本期报告有如下几个特点：

1. 围绕既定主题编写。 本期报告的主题是"优化发展环境与提升发展质量"。我国经济由高速增长阶段转向高质量发展阶段，建筑业是国民经济的支柱产业，推动建筑业高质量发展，意义重大。近年来，建筑业改革政策密集出台，市场环境持续优化，行业主管部门持续推进简政放权，放管结合，减轻企业负担，激发市场活力，改革的深入推进创造了良好的发展环境，使建筑业进入了高质量发展的新阶段。建筑业深入推进供给侧结构性改革，推进产业转型升级，转变发展方式，提升发展质量。本期报告在反映建筑业常规发展状况的基础上，集中反映了上述内容。

2. 报告的框架内容。 围绕主题，报告由五个部分组成。第一部分分析2018年以来我国的宏观经济形势以及工程建设政府监管的工作成果；第二部分全面反映2018年我国建筑业包括建筑施工、勘察设计、建设监理与咨询、工程招标代理、对外承包工程等方面的发展状况，反映这一时期的质量安全形势；第三部分反映政府优化发展环境、推动建筑业改革发展的情况；第四部分反映建筑业企业转型升级的探索实践；第五部分分析建筑业改革发展形势。

3. 以广义的工程建设承包服务主体为对象。 2019报告以广义的工程建设承包服务主体为对象。虽然建筑施工与勘察设计、工程监理及招投标代理等咨询服务属于不同的产业分类领域，但在工程建设领域活动中，形成了紧密关联、相互依托的广义建筑业内涵。所以本报告仍然以包括建筑施工、勘察设计、工程监理和相关咨询服务业为对象。

由于时间紧迫，工作量大，在编写过程中，难免有一些疏漏和不完善的地方，敬请读者加以指正。

住房和城乡建设部建筑市场监管司
住房和城乡建设部政策研究中心

目　录

第一章　中国建筑业发展环境 ... 1
一、宏观经济环境 ... 1
　　（一）经济运行稳中有进 ... 1
　　（二）固定资产投资平稳增长 ... 1
二、政府监管与服务 ... 2
　　（一）建筑市场 ... 2
　　（二）质量安全 ... 5
　　（三）工程建设标准定额 ... 9
　　（四）地方政府举措 ... 16

第二章　中国建筑业发展状况 ... 30
一、发展特点 ... 30
　　（一）产业规模继续扩大 ... 30
　　（二）建筑业增速有所回落 ... 30
　　（三）市场竞争更趋激烈 ... 30
　　（四）发展方式加快转变 ... 31
　　（五）市场环境不断优化 ... 31
二、建筑施工 ... 31
　　（一）规模分析 ... 31
　　（二）效益分析 ... 33
　　（三）结构分析 ... 33
三、勘察设计 ... 39
　　（一）规模分析 ... 39
　　（二）结构分析 ... 39
四、工程服务 ... 40

（一）工程监理 …………………………………………………… 40
　　（二）工程招标代理 ……………………………………………… 41
　　（三）工程造价咨询服务 ………………………………………… 43
　五、对外承包工程 …………………………………………………… 45
　六、安全形势 ………………………………………………………… 45

第三章　行业改革纵深推进　市场环境持续优化 …………………… 47
　一、推进工程建设项目审批制度改革 ……………………………… 47
　二、深化工程项目招投标制度改革 ………………………………… 50
　三、优化审批服务提高审批效率 …………………………………… 52
　四、营造公平竞争的建筑市场环境 ………………………………… 53

第四章　转变发展方式　提升发展质量 ………………………………… 54
　一、结构调整持续推进 ……………………………………………… 54
　二、创新引领不断增强 ……………………………………………… 56
　三、业务模式加快转型 ……………………………………………… 58
　四、海外市场积极拓展 ……………………………………………… 59

第五章　建筑业改革发展形势 ………………………………………… 61
　一、建筑业进入高质量发展新阶段 ………………………………… 61
　二、改革纵深推进助推高质量发展 ………………………………… 61
　三、国内外市场开拓机遇挑战并存 ………………………………… 62
　四、技术进步提升发展质量空间巨大 ……………………………… 68
　五、建筑产业工人队伍逐步形成 …………………………………… 68
　六、工程建设组织模式进一步完善 ………………………………… 69
　七、市场机制建设加快推进 ………………………………………… 70

附录1　国务院办公厅关于全面开展工程建设项目审批制度改革的实施意见 ……………………………………………………………… 71
附录2　2018—2019年建筑业最新政策法规概览 ………………… 78
附录3　2018年批准发布的国家标准和行业标准 ………………… 96
附录4　部分国家建筑业情况 ………………………………………… 103

第一章　中国建筑业发展环境

一、宏观经济环境

(一) 经济运行稳中有进

2018年，党中央、国务院坚持稳中求进工作总基调，坚持新发展理念，坚持推动高质量发展，以供给侧结构性改革为主线，着力深化改革扩大开放，坚决打好防范化解重大风险、精准脱贫、污染防治三大攻坚战，有效应对外部环境深刻变化，统筹稳增长、促改革、调结构、惠民生、防风险，经济运行总体平稳、稳中有进。全年国内生产总值900309亿元，比上年增长6.6%；全年城镇新增就业1361万人，比上年增加10万人；城镇居民人均可支配收入实际增长5.6%，农村居民人均可支配收入实际增长6.6%。

(二) 固定资产投资平稳增长

2018年，全社会固定资产投资645675亿元，比上年增长5.9%。其中固定资产投资（不含农户）635636亿元，增长5.9%。分区域看，东部地区投资比上年增长5.7%，中部地区投资增长10.0%，西部地区投资增长4.7%，东北地区投资增长1.0%（表1-1、图1-1、图1-2）。

2014-2018年固定资产投资、建筑业总产值规模及增速　　表1-1

类别/年份	2014	2015	2016	2017	2018
固定资产投资(亿元)	512021	562000	606466	641238	645675
固定资产投资增速(%)	14.7	9.8	7.9	7.0	5.9
建筑业总产值(亿元)	176713.42	180757.47	193566.78	213943.56	235085.53
建筑业总产值增速(%)	10.2	2.3	7.1	10.5	9.9

数据来源：国家统计局、《中国统计年鉴》《2018年国民经济和社会发展统计公报》。

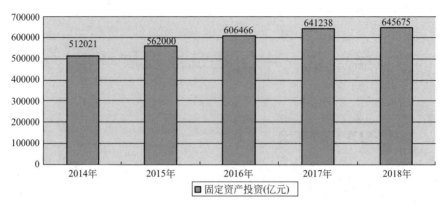

图1-1 2014-2018年全社会固定资产投资规模

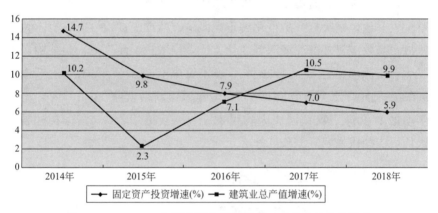

图1-2 2014-2018年固定资产投资增速、建筑业总产值增速

二、政府监管与服务

(一) 建筑市场

2018年,住房城乡建设部贯彻落实《国务院办公厅关于促进建筑业持续健康发展的意见》,坚持质量第一、效益优先,以解决建筑业发展不平衡不充分问题为目标,以深化建筑业供给侧结构性改革为主线,以提升工程质量安全水平为核心,以完善建筑市场监管体制机制为重点,优化企业营商环境,推进建筑产业转型升级。

1. 推进建筑业供给侧结构性改革

大力培育现代化建筑产业工人队伍。稳步推进劳务基地建设工作,引导和支持大型施工企业与建筑劳务输出大省合作建立劳务基地,指导中建八局与四川省叙永县、中建七局与河南省固始县分别合作建设建筑产业工人培育示范基地,探索建立以劳务基地为依托的稳定建筑工人队伍,切实提高建筑工人技能素质。推进建筑工人实名管理,起草建筑工人实名制管理办法,完善建筑工人实名制管理制度,启用全国建筑工人管理服务信息平台,推进与各省市数据对接。推动建筑劳务用工制度改革,起草新时期建筑产业工人队伍建设改革方案,探索建立建筑产业工人队伍培养、使用、评价、激励机制,确定路径选择和时间规划,构建以总承包企业自有工人为骨干、专业作业企业自有工人为主体的新型用工体系。

深化工程招投标制度改革。完善招投标监管制度,修订发布《房屋建筑和市政基础设施工程施工招标投标管理办法》,赋予社会投资的房屋建筑工程建设单位自主发包权。推进招投标制度改革试点工作,在北京、天津等6省市开展房屋建筑和市政基础设施工程电子招标投标试点。总结地方开展民间投资房屋建筑工程由建设单位自主决定发包方式试点工作情况,落实招标人自主权。

推动工程建设组织方式变革。大力推进工程总承包发展,完成房屋建筑和市政基础设施项目工程总承包管理办法合法性审查和第三方评估,组织修订工程总承包合同示范文本,在10个省、区、市继续推进工程总承包试点,在上海、深圳开展工程总承包企业编制施工图设计文件试点。大力培育全过程工程咨询,会同国家发展改革委起草《关于推进全过程工程咨询服务发展的指导意见》,在10个省、区、市和40家企业继续推进全过程工程咨询试点。积极推进建筑师负责制,起草在民用建筑工程中推进建筑师负责制的指导意见,指导上海浦东新区等4个地区开展建筑师负责制试点,督促指导试点地区推动建筑师负责制项目落地。

2. 完善建筑市场监管体制机制

优化企业营商环境。简化施工许可管理,修订发布《建筑工程施工许可管理办法》，精简施工许可要件，将施工许可办理时间由15个工作日压缩至7个工作日。持续开展清理规范工程建设领域保证金，配合人力资源社会保障部制定农民工工资管理办法，完善保障农民工工资支付制度，定期汇总各地保证金和保函替代情况，督促地方严格落实清理规范工程建设领域保证金工作。积极推行工程担保，会同财政部、人力资源社会保障部、人民银行、银保监会等部门联合开展调研，起草关于加快推进房屋建筑和市政基础设施工程实行工程担保制度的指导意见。

推进诚信体系建设。完善全国建筑市场监管公共服务平台，印发《全国建筑市场监管公共服务平台工程项目信息数据标准》；建立建筑市场失信联合惩戒机制，起草完成《关于对建筑市场相关失信责任主体实施联合惩戒的合作备忘录》；实施建筑市场主体黑名单制度，发布建筑市场主体黑名单信息。

加强建筑市场监管。继续加大违法违规行为查处力度，2018年，共查处存在资质资格申报弄虚作假行为的企业102家，专业技术人员67人；查处发生质量安全责任事故的企业7家，专业技术人员23人；查处存在转包、违法分包等违法违规行为企业10729家，人员1749人。印发《住房城乡建设部办公厅等关于开展工程建设领域专业技术人员职业资格"挂证"等违法违规行为专项整治的通知》，严肃查处专业技术人员职业资格"挂证"等违法违规行为。

3. 深化行政审批制度改革

简化企业资质管理制度。印发《住房城乡建设部办公厅关于简化建设工程企业资质申报材料有关事项的通知》，清理建设工程企业资质申报证明事项，取消身份证明、社保证明、资质证书等证明材料。印发《住房城乡建设部办公厅关于取消建筑业企业最低等级资质标准现场管理人员指标考核的通知》，取消资质标准对持有岗位证书现场管理人员的考核指标。印发《住房城乡建设部办公厅关于调整工程监理企业甲级资质标准注册人员指标的通知》，降低工程监理企业甲级资质标准注册人员要求。推进工程设计、建筑业企业、工程监理企业资质标准修订，简化资质类别和等级设置。

完善个人执业资格管理制度。修订《注册建造师管理规定》，简化申报程序、精简申报材料,强化个人执业责任。印发《住房城乡建设部办公厅关于一级建造师执业资格实行电子化申报和审批的通知》,取消申报材料,实行承诺制,实现网上办理,提高审批效率。印发《住房城乡建设部办公厅关于进一步简化监理工程师执业资格注册申报材料的通知》《住房城乡建设部办公厅关于进一步简化勘察设计注册工程师执业资格申报材料的通知》,取消个人执业资格注册申请中的社保证明要求。会同有关部门开展监理工程师职业资格制度研究,完成《注册监理工程师职业资格制度》和《监理工程师职业资格考试实施办法》征求意见稿。筹备组建新一届全国注册建筑师管理委员会,修订注册建筑师管理委员会章程。

创新行政审批工作机制。继续推进建筑业企业资质告知承诺制审批,在总结北京、上海、浙江试点经验基础上,扩大实施范围,在江西、河南、陕西、四川4省开展建筑业企业资质告知承诺制审批,探索审批方式改革,变事前审批为事中事后监管。推动企业资质审查全面电子化,印发《住房城乡建设部办公厅关于建设工程企业资质统一实行电子化申报和审批的通知》,自2019年1月1日起,住房城乡建设部审批的工程勘察、设计、建筑业、监理企业资质全部实行电子化申报和审批。

放开工程勘察设计和工程服务领域外商投资准入限制。住房城乡建设部会同商务部废止外商投资建设工程设计企业、外商投资建设工程服务企业有关规章和规范性文件,印发《住房城乡建设部办公厅关于外商投资企业申请建设工程勘察设计资质有关事项的通知》,对外商投资工程勘察、工程设计、建设工程服务企业实施准入前国民待遇加负面清单管理模式。

(二)质量安全

2018年,住房城乡建设部牢固树立质量第一和安全发展理念,以深化建筑业改革发展为动力,以加强监督执法为抓手,以推动先进技术应用为支撑,全面提升质量安全监管能力,推动全国工程质量安全水平稳步提升。

1. 深入开展工程质量提升行动，工程质量总体水平稳中有升

开展工程质量提升行动。 落实《中共中央国务院关于开展质量提升行动的指导意见》，印发住房城乡建设部重点任务实施方案，建立工作机制，明确部内分工，制定路线图，提出保障措施。研究起草建筑工程品质提升行动方案，不断健全工程质量保障体系。在全国19个省（区、市）开展监理报告、工程质量保险、勘察质量监管信息化等8项试点，以点带面，总结形成可复制可推广的经验。建立季度通报制度，督促各地严格落实提升行动各项工作。

推行工程质量安全手册制度。 印发《工程质量安全手册》，组织召开手册宣贯会，指导地方制定手册实施细则，督促企业和项目严格执行手册，严格按手册考核，着力提升现场质量管理的规范化和标准化水平。

开展治理违规海砂专项行动。 落实国务院领导重要批示精神，组织开展治理违规海砂专项行动。联合公安部、自然资源部等8部门，部署沿海、沿长江15个省市开展治理违规海砂专项行动，全面开展排查整治，强化监督管理，加大打击处罚力度，对福建、上海等六省市专项行动落实情况进行督查。会同公安部等部门联合印发《关于加强海砂开采运输销售使用管理工作的通知》，推进建立长效机制，加强对海砂的全过程监管。

2. 落实安全发展理念，遏制建筑施工领域重特大安全事故

持续加强重大安全风险管控。 发布部门规章《危险性较大的分部分项工程安全管理规定》及配套文件，开展建筑施工安全专项治理行动督查，督促各地强化危大工程安全隐患排查治理，严厉查处违法违规行为。据统计，2018年全国共发生房屋市政工程生产安全较大及以上事故22起、死亡87人，同比事故起数下降4.3%、死亡人数下降3.3%，建筑施工安全生产形势总体平稳。

对安全事故责任追究保持高压态势。 及时通报房屋市政工程生产安全事故，及时启动较大及以上事故查处督办程序，对事故查处不到位的省（区、市）下发督促函并进行约谈，督促各地严格落实对事故责任企业和责任人安全处罚措施。

不断完善安全监管长效机制。稳步推进全国建筑施工安全监管信息系统建设，基本完成企业安全生产许可、"安管人员"安全生产考核、特种作业人员操作资格等信息的共享查询，有效提升监管效能。各地深入推进安全信用体系建设，积极实施与招投标挂钩的"黑名单"制度，对遏制企业失信行为起到明显作用。

3. 贯彻落实新时期建筑方针，行业技术进步持续推进

推进施工图审查改革工作。指导地方推进施工图联合审查工作。修订《房屋建筑和市政基础设施工程施工图设计文件审查管理办法》（住房城乡建设部令第13号），将联合审查工作经验转化为制度成果。组织编制《房屋建筑和市政基础设施工程施工图设计文件审查信息系统数据标准》，为施工图数字化审查提供技术支撑。

加强勘察设计质量监管。开展《建设工程勘察质量管理办法》（建设部令第115号）修订工作，加强工程勘察过程监管，形成修订草案。印发《关于加强地下室无梁楼盖工程质量安全管理的通知》，加强无梁楼盖工程质量安全风险防控。

推动工程技术进步。印发《大型工程技术风险控制要点》，确保技术风险可控。推进大型公共建筑工程后评估试点工作，完善后评估工作流程和指标体系。

4. 完善风险管控，城市轨道交通工程风险防控能力不断提升

加强制度建设。印发《城市轨道交通工程BIM应用指南》《城市轨道交通工程土建施工质量标准化控制技术指南》，编制《中国城市轨道交通工程创新技术指南（2008—2017）》（征求意见稿），为城市轨道交通工程建设和管理提供技术支撑。开展城市轨道交通工程双重预防机制调研，起草完成调研报告。

开展监督检查和事故督办。部署各地开展城市轨道交通工程质量安全自查，组织专家对16个省市城市轨道交通工程质量安全开展检查指导，督促各地落实建设单位首要责任和参建企业主体责任。部署各地春节前开展城市轨道交通工程施工安全专项排查治理，严格落实节后复工安全条件核查制度。

加强技术指导和工作交流。组织召开城市轨道交通工程质量安全专家委员会会议和联络员会议,总结交流工作经验,研究部署下一步工作。开展城市轨道交通工程质量安全监管人员培训,组织专家开展政策解读、风险防范和案例分析,提升各地监管水平。

5. 落实习近平总书记防灾减灾救灾重要指示精神,推动建筑工程抗震能力提升

推进《建设工程抗震管理条例》立法工作。围绕加强抗震设防和加固除险责任义务、建立多方参与的抗震设防机制等开展专项论证和调研,广泛征求各部门和社会公众意见,完成《建设工程抗震管理条例(送审稿)》。经住房城乡建设部常务会审议通过,报送司法部。

监督实施抗震设防标准。严格落实超限高层建筑工程抗震设防审批制度,城镇新建房屋建筑工程抗震设防全部纳入工程质量监管体系,普遍实现"小震不坏、中震可修、大震不倒"。

积极推进城镇住宅抗震加固工作。落实中央财经委三次会议精神,组织开展城镇住宅抗震加固综合支持政策研究,在总结分析国内经验的基础上,研究拟定城镇住宅抗震鉴定加固工程技术导则。

6. 落实各项工作部署,做好部安委办相关协调工作

加大工作部署。贯彻落实《中共中央办公厅国务院办公厅印发〈关于推进城市安全发展的意见〉的通知》精神,印发住房城乡建设部贯彻落实城市安全发展意见实施方案。印发住房城乡建设部2018年安全生产工作要点,部署开展建筑施工安全专项治理,加强市政公用设施运行、房屋使用和农房建设安全管理,加强城市管理监督。

加大工作协调力度。贯彻落实党中央、国务院领导同志关于安全生产的批示指示和全国安全生产电视电话会议精神,召开部安委会全体会议,协调成员单位落实相关工作职责。完善部安委会协调机制,制定部安委会联络员工作制度。

认真开展安全生产专项工作。加强重点时期、敏感时段和极端天气的安全生产、应急管理工作部署和预警提醒。按照国务院安委办统一部署,配合开展对省级政府安全生产考核和"上海合作组织峰会"安保检查等工作。

（三）工程建设标准定额

2018年，住房城乡建设部以改革创新为动力，不断开拓工作思路，增强标准定额支撑经济社会发展能力。

1. 深化标准定额改革，完善标准定额体系

2018年，共批准发布254项标准，包括工程建设国家标准113项；部行业标准141项，其中工程行标58项，产品行标83项。此外，还完成国家标准委下达的29项产品国家标准编制任务，发布工程项目建设标准及方法参数8项。

加快重点领域标准编制，支撑服务国家重大战略。一是按照《中共中央 国务院关于推进安全生产领域改革发展的意见》《中共中央办公厅 国务院办公厅印发关于推进城市安全发展的意见》要求，全面梳理城市桥梁、地下管廊、轨道交通、城镇燃气、垃圾处理领域的标准规范，完成《城镇综合管廊监控与报警系统工程技术标准》《市政工程施工安全检查标准》《安全防范工程技术标准》等重要标准的制订修订，提高城市安全运行的技术保障要求。二是按照《中共中央国务院关于推进防灾减灾救灾体制机制改革的意见》要求，修订《城市综合防灾规划标准》等重要标准，提升学校、医院、居民住房、基础设施的设防水平和承灾能力。三是按照《中共中央国务院关于进一步加强城市规划建设管理工作的若干意见》要求，完善装配式建筑设计、施工和验收规范标准体系，发布《装配式建筑评价标准》《厨卫装配式墙板技术要求》《装配式环筋扣合锚接混凝土剪力墙结构技术标准》。四是按照《中共中央国务院关于开展质量提升行动的指导意见》要求，发布《建筑合同能源管理节能效果评价标准》，提高建筑节能标准。五是落实《国务院办公厅关于进一步激发社会领域投资活力的意见》中关于"扎实有效放宽行业准入，修订完善养老设施、建筑设计防火等相关标准"的要求，修订《老年人照料设施建筑设计标准》《建筑设计防火规范》，放宽相应准入条件。六是发布《消防训练基地建设标准》《普通高等学校建筑面积指标》《中等职业学校建设标准》《公共美术馆建设标准》《银行业消费者权益保护服务区建设标准》《自然保护区工程项目建设标准》《湿地保护

工程项目建设标准》《城镇供热厂工程项目建设标准》等8项工程项目建设标准及方法参数。

推进工程建设标准体制改革。结合国务院标准化改革精神，分析研究英国、美国等发达国家的标准体系、运行机制，参考国际通行的"技术法规＋技术标准"的模式，初步提出并逐步实施中国工程建设标准新体系，着力解决目前工程建设标准交叉重复、水平不高、供给不足、国际适应性差的问题。一是研究提出中国工程建设标准新体系。起草《关于建立国际化工程建设规范标准体系的构想》，构建覆盖所有工程类别、与国际通行规则一致的标准体系，包括179项全文强制性工程规范、46项基础术语标准、3984项配套支撑标准。二是研究编制全文强制性工程规范。建立专业齐全、相对稳定的起草专家队伍，强化标准化技术委员会管理职责。基本完成住房城乡建设领域39项全文强制性工程规范研编验收，为下一步征求意见、审查、发布打下基础。全面启动各部门、各领域138项工程规范研编工作。三是培育发展团体标准。鼓励团体积极承接政府推荐性标准，公布352项拟转化为团体标准的现行政府标准目录。鼓励各团体制定更加细化、更加先进的方法类、引领性团体标准。中国工程建设标准化协会2018年以来已下达600余项团体标准制定任务。

深化工程造价改革。一是推进工程造价管理改革。坚持市场决定工程造价机制，组织有关造价管理机构、高校、造价咨询企业、工程建设单位、建筑设计及施工单位就工程造价工作存在的问题进行梳理和分析，研究提出坚持工程造价市场化、信息化、国际化和法制化改革的方向，并初步提出改革的目标和措施。二是健全工程计价依据体系。适应招投标改革和推进工程总承包要求，组织修编工程量清单计价规范和9本配套计算规范；为推动绿色发展，服务绿色建筑工程投资控制，编制《绿色建筑经济指标》；为贯彻落实中央城市工作会议精神，服务全国老旧住宅小区综合整治工程、城市地下综合管廊建设、海绵城市建设等住房城乡建设部年度重点工作，组织编制《房屋修缮工程消耗量定额》等8本消耗量定额和指标。三是完善工程造价管理制度。为贯彻国务院职业资格制度改革精神，依据《国家职业资格目录》，统一和规范造价工程师职业资格管理，会同交通运输部、水利部、人力资源社会保障部出台《造价工程师职业资格制度规定》《造价工程师职业资格考试实施办法》，并组织完成全国一级造价工程师职业资格考试大纲和全国二级造价工程师职业资格考试大纲。四是转变工程造价监管方式。深入落实"放管服"改革要求，积极利用信息化手段，加强和改善工程造价咨询企业监管方式，推动各地开展工程造价数据监测工作，研究建立工程造价信息监测大数据，为行业监督、建立预警机制提供数据支持。五是规范造价行政许可。进一步规范工程造价行政许可办事流程，优化审批环节，全年共受理101家工程造价咨询甲级资质的变更管理工作，完成六批526家工程造价咨询企业乙升甲业务，508家企业通过审查晋升甲级资质，累计通过率达96.6%。同时，全年受理造价工程师初始注册19079人，通过许可18052人，通过率达94.6%。

大力推进工程建设标准国际化。一是会同有关部门、行业、企业和相关单位，开展"一带一路"基础设施和城乡规划建设工程标准应用情况调研。通过调研，初步掌握我国工程建设标准国际化现状、存在问题、各方需求等情况，已形成数项调研分析报告。二是多措并举，推动我国企业积极参与国际标准化活动。组织召开工程建设标准国际化工作推进会，交流我国推动工程建设标准国际化的有关情况和最新进展，分享有关地方、有关行业推动工程建设标准国际化的经验。组织编制中国工程标准使用指南，系统介绍我国工程建设标准化工作的历史与发展、管理体系与相关规定、我国工程建设标准的分类和体系，并对2500余项重要标准进行简要介绍，旨在增强中国工程建设标准的社会影响力，为中国企业在海外工程中使用中国标准提供指导。三是夯实基础，积极推进中外工程建设标准比对研究。组织启动编制中外工程建设标准比对研究行动方案，旨在下一步系统性地组织有关科研、设计、高校、企业等单位参与相关研究工作提供指导，奠定基础。组织启动对部分发达国家的工程建设管理法规制度及标准体系的研究工作，旨在学习借鉴发达国家经验，为提高中国工程建设标准水平和国际化水平打好基础。

服务民生，推动标准实施效果稳步提升。一是坚持以人民为中心，做好有关标准咨询的群众来信和社会来函的答复工作,不断提高答复时效和答复质量。2018年已累计完成标准解释答复58件,群众满意度不断提升。二是做好工程建设地方标准和行业标准备案工作,不断优化工作手段,提高工作效率。2018年已完成地方标准备案524项,完成行业标准备案238项。

无障碍设施、养老服务设施建设工作和认证认可管理工作。一是为落实国务院印发的"十三五"老龄及残疾人规划有关开展"无障碍环境市县村镇工作"要求,会同工业和信息化、民政、残联、老龄部门部署"十三五"创建全国无障碍建设城市工作,印发《住房城乡建设部等部门关于开展无障碍环境市县村镇创建工作的通知》(建标〔2018〕114号),促进我国无障碍环境建设工作不断深入开展。二是开展乡镇村庄创建无障碍环境建设情况调研。会同中国残联赴北京、浙江、湖南、云南、河南等地就乡镇、村庄无障碍环境建设进行调研,听取残疾人、老年人的无障碍需求,了解当地无障碍环境建设和家庭无障碍改造情况。组织编制《创建无障碍环境村镇工作标准》,在组织管理、公共建筑的建设与改造、家庭无障碍改造等方面充分体现村镇特点。三是开展标准编制及课题研究工作。开展无障碍及适老建筑产品基本技术要求全文强制产品标准的编制研究,启动发达国家无障碍环境建设发展趋势研究、适老化无障碍建设技术研究、老旧小区无障碍改造研究,完成《无障碍设施建设图集》编制工作。四是组织开展房屋建筑认证信息追溯机制初步研究,指导举办首届中国工程建设检验检测大会,大力推行认证认可制度,促进住房城乡建设事业高质量发展。

2. 以创新引领发展,认真贯彻落实绿色发展理念

全力推动绿色城乡建设工作。一是全力推动绿色发展的城乡建设。进一步修改完善《关于深入推进绿色城市建设的指导意见》初稿,提出了绿色城市建设内涵、目标、主要任务及重点举措。开展"绿色城市建设指标体系"研究,梳理国内外有关指标体系,初步形成我国绿色城市建设指标框架。配合国家发展改革委起草《开展绿色生活创建行动工作方案》,明确住房城乡建设部负责绿色社区、绿色建筑单项创建行动任

务；起草《绿色社区创建行动方案》《绿色建筑创建行动方案》初稿。完成《民用建筑节能管理规定》（部令）修订研究报告和修订草案初稿。二是推动新时代高质量绿色建筑发展。修订《绿色建筑评价标准》，研究绿色建筑新的内涵、指标体系、星级划分等。修订《绿色建筑评价标识管理办法》（征求意见稿）发往各地住房城乡建设主管部门征求意见。组织"雄安新区绿色建筑技术及实施机制研究"课题验收。编制《建筑节能与绿色建筑推广应用和限制、禁止技术公告》（征求意见稿）。会同工信部印发《智能光伏产业发展行动计划（2018-2020年）》，提出开展智能光伏建筑及城镇应用示范，编制完成《智能光伏建筑及城镇应用示范实施方案》（初稿）。三是积极推进北方地区冬季清洁取暖试点城市建设。会同财政部印发《北方地区冬季清洁取暖试点城市绩效评价办法》（财建〔2018〕253号）；会同财政部等部门对第一批试点城市（12个）实施情况进行绩效评价考核。组织开展第二批试点城市的申报及遴选工作，确定了23个城市作为试点；同步召开工作推进会，安排部署试点工作。组织召开北方地区农村冬季清洁取暖用户能效提升鹤壁现场经验交流会。组织有关单位编制《北方地区清洁取暖试点城市城镇既有居住建筑节能改造技术导则》《北方地区清洁取暖试点农村既有居住建筑节能改造技术导则》。四是推进城市绿色发展的智慧化。配合相关部门修订《新型智慧城市评价指标体系2017》，编制《促进大数据发展2018年工作要点》。将住房城乡建设部相关工作纳入2018年国家智慧城市建设和促进大数据发展总体工作框架中，包括"生态环境保护信息化工程住房城乡建设部建设项目"、加快推进城市大数据平台建设、积极推进数字化城市管理向智慧化升级、统筹推进城市基础设施智能化等。五是加强绿色城市建设的监督考核。完成了住房城乡建设部2017年度建筑节能、绿色建筑及装配式建筑实施情况专项检查。会同国家发展和改革委完成2017年度省级人民政府能源消耗总量和强度"双控"考核。会同生态环境部完成2017年省级人民政府控制温室气体排放目标责任评价现场考核。在上述考核中体现绿色城市建设相关要求。

积极推动军民融合稳步发展装配式建筑。一是稳步推进装配式建筑发展。指导各地因地制宜推进装配式建筑发展。组织开展技术体系研究，委托相关单位编制装配式建筑技术体系指引，开展装配式混凝土建筑、钢结构建筑和现代木结构建筑技术体系梳理。认定了30个城市和195家企业为第一批装配式建筑示范城市和产业基地。加强技术培训和宣传，指导开展《装配式建筑评价标准》宣贯，指导编制《装配式混凝土建筑施工规程》等54本团体标准和图集，在编团体标准37本。二是加快绿色建材评价认证和推广应用。印发了《质检总局、住房城乡建设部、工业和信息化部、国家认监委、国家标准委关于推动绿色建材产品标准、认证、标识工作的指导意见》，起草《绿色建材产品认证工作实施方案》（征求意见稿）。全国绿色建材评价标识管理信息平台运行良好，为行业提供了信息交流渠道。

持续构建行业绿色技术创新体系。一是落实行业科技创新"十三五"专项规划，构建绿色技术创新体系。开展构建市场导向的住房城乡建设领域绿色技术创新体系专题研究，参与编制国家发展和改革委和科技部牵头的《构建市场导向的绿色技术创新体系指导意见》。对行业科技管理人员开展科技创新政策和绿色城市、智能建筑等方面新技术应用培训。二是实施国家科技重大专项。总结凝练高分专项"城市精细化管理遥感应用示范系统"一期项目成果，形成《城乡规划建设管理遥感应用案例》。开展城市管理和执法领域遥感技术应用交流和培训。依托项目建立的空间信息承载平台，为城市综合管理服务和重点城市黑臭水体整治过程监测等工作提供技术服务。三是组织实施水体污染控制与治理科技重大专项。进一步优化水专项管理，精简报送材料和表格，严把到期项目（课题）验收关。组织召开项目（课题）实施推进和验收培训会，对标志性成果进行调度，开展北京、上海、太湖流域等城市饮用水安全保障技术应用案例调研，推进项目（课题）实施和成果产出。通过开展财务管理培训，年度绩效评价、公开征聘会计师事务所并委托开展财务审计，强化资金管理。启动"雄安新区城市水系统构建与安全保障技术研究"课题，并与雄安新区规划进行对接。四是积极争取国家重点研发计划支持行业关键技术创新。推荐申报科技部"绿色建筑及建筑工业化"和"公共安全风险防控与应急技术装备"等重点专项，9个项目获立项，内容涵盖城市绿色低碳发展、既有住区功能提升与改造、安全韧性城市、工业化改造等。协调科技部将"乡村厕所""传统村落"等领域技术研究纳入重点专项项目指南,为住房城乡建设部今年的六大重点任务提供科技支撑。完成国家科技支撑计划"美丽乡村绿色农房建造关键技术研究与示范"等6个项目27个课题验收。五是确定2018年度部科技计划项目。确定2018年部科技计划项目672项,包括开展被动式超低能耗绿色建筑示范区、高性能绿色建筑、装配式建筑示范工程、北方地区清洁取暖技术应用与推广、信息化技术应用等方面的技术研究和工程示范,促进行业创新发展。

以绿色金融和国际合作支持城市绿色发展。一是深入开展城市绿色投融资国际合作。启动编制《中国绿色建筑投融资指南》《中国绿色城乡建设投融资指引》,成立中外专家参与的编写组,召开3次工作会。与欧盟合作举办"中国城市绿色投融资论坛",邀请世界银行、UNDP、亚洲开发银行、德国复兴银行、国家开发银行、保险公司、基金公司、中央财大等机构参与研讨及指南编制。成为中德合作"低碳投资能源金融—城市咨询设施"项目中方牵头执行单位。二是通过国际合作支持城市绿色发展。根据行业和各地需求,与欧盟、GIZ、ADB等合作举办韧性城市、绿色建筑、被动式超低能耗与产能建筑、零能耗建筑、城市生活垃圾处理等技术交流与培训,参加人员共计超过1000人次。三是通过实施国际科技合作项目促进行业技术进步。开展中美净零能耗建筑关键技术联合研究和工程示范。开展中加现代木结构建筑技术合作。实施全球环境基金五期"中国城市建筑节能和可再生能源应用"项目,开展绿色城市设计、绿色城市更新、社区绿色化建设、清洁采暖技术路径等研究。实施全球环境基金六期"可持续城市综合方式项目",完成全国TOD平台功能设计。开展中欧低碳生态城市合作项目试点城市专题培训与研究。落实中德城镇化伙伴关系,开展产能建筑技术交流和培训。四是深入推进住房城乡建设领域应对气候变化。实施城市生活垃圾处理领域国家适当减缓行动项目,确定5个项目试点城市。与亚洲开发银行共同组织实施气候适应型城市建设技术与政策研究项目,与德国合作实施气候风险管理和转移项目,推进城市适应气候变化工作。

（四）地方政府举措

深化建筑业"放管服"改革。 2018年，各地继续深入推进建筑业"放管服"改革，简政放权，优化服务，简化审批条件，减少审批环节，提高审批效率，激发市场活力。

上海市深化改革行政审批管理模式，积极开展工程建设项目审批制度改革试点，依托"一网通办"，设立了"上海市工程建设项目审批管理系统"，推行线上线下一站式服务，改进网上政务大厅服务功能，提升办事服务质量。对标国际最高标准、最好水平的营商环境，落实优化营商环境行动方案，以最大限度地简化施工许可审批为核心，深化建筑行业"放管服"改革工作。重点聚焦上海市社会投资项目，进一步整合审批资源，提高审批效率，降低审批成本，实现"一事不两跑、一事不两批"，实现社会投资项目改革全流程、全覆盖。截至2018年年底，全市共有527个项目进入系统运行，429个完成与国家审批系统对接，其中，93个完成设计方案审批，294个完成施工图设计文件审查，258个完成建设工程规划许可证核发，212个取得建设工程施工许可证，45个完成联合验收及备案。在世界银行公布的《2019年全球营商环境报告》中，上海的施工许可指标综合评价指数为67.71分，有力促进我国施工许可指标排名提升了51名。

北京市住房和城乡建设委员会运用"互联网＋政务服务"工作模式，提高行政审批效能，于2018年10月推行建设工程企业电子资质证书，该证书具备纸质资质证书功能，其范围包括市住房和城乡建设委员会许可的建筑业企业（含委托区住房城乡建设委员会许可资质）、工程监理企业和造价咨询企业资质证书。在施工许可审批改革方面，以服务建设单位、提高工作效率为改革方向，以"数据多跑路，群众少跑腿"为改革目标，进一步优化审批流程，实行建筑工程施工许可证网上申请、网上审批、限时办结、自行打证，在全国率先实现施工许可全程网上办理。同时将原有的前置审批调整为承诺制，施工许可申报材料由原有的13项压缩为4项，审批时限由15个工作日缩减至5个工作日。优化注册执业人员注册管理，自2018年9月1日起，北京市住房和城乡建设领域从业人员证书电子化试点工作启动，截至 2018 年年底，全市已有 16718 人次下载使用电子证书，实现了全程电子化、全时段在线、全域可查验，降低了从业人员的取证成本和跑腿次数，提高了群众的获得感，社会效益显著。创新推行新设立企业建造师注册承诺制审核，实现了新设立企业建造师由"预注册审核"向"承诺制审核"制度转变，缩短审批时限 10 天，大幅提高审批效率。

海南省对该省审批的勘察、设计、建筑业、监理、检测、造价、房地产开发等企业资质证书均添加二维码，率先在全国住建领域推行电子资质证书，涵盖了该省住建行业全部证照（9 项），实现住建领域资质证书"即批即得、自主打印"。对海南省施工总承包企业二级资质（建筑工程、市政公用工程）开展告知承诺审批试点，在全国率先开展工程造价咨询企业资质告知承诺审批。

2018 年以来，湖北省对全省各地的建筑工程施工许可证审批事项进行全面梳理和简化，印发《关于调整建筑工程施工许可证审批网上办理事项的通知》，规定自 2018 年 6 月 1 日起，在湖北省行政区域内，凡房屋建筑和市政公用工程依法申请施工许可证的，一律通过"湖北省投资项目在线审批监管平台"办理，并统一申请渠道、统一申请材料、统一审批流程、统一办结时限。

河北省在雄安新区及开发区启动建筑业企业资质审批承诺制试点工作的基础上，2018 年 6 月 1 日起在全省开展建筑业企业资质承诺制审批试点工作。

广东省开展建筑业企业资质管理"放管服"改革试点工作，推进简政放权，探索企业资质改革和资质标准调整，推行智慧审批，优化许可服务。

> **《广东省建筑业企业资质管理"放管服"改革试点方案》（摘要）**
> 　　试点范围
> 　　广东省负责实施的建筑工程勘察、设计、建筑施工企业资质许可，包括首次申请、升级、增项、延续、变更、遗失补办、重新核定等事项的办理。

试点任务

（一）推进简政放权，将一批建筑业企业资质许可事项委托下放广州、深圳市实施。

按照广东省人民政府的统一部署，将广东省住房城乡建设厅负责的工程勘察设计、建筑业企业资质许可等事项委托广州、深圳两个副省级城市实施，以更好发挥广州市作为国家重要中心城市的引擎作用和深圳市作为经济中心城市的集聚辐射带动作用。委托事项实施期限暂定1年，期满后根据实施效果评估情况决定是否延期。相关许可事项委托下放广州、深圳市之后，广东省住房城乡建设厅将加强指导、监督，重点在建立失信惩戒制度、制定有效监管措施和监督机制等方面探索创新，及时总结推出可在全省地级市复制推广的经验做法，以进一步优化建筑业企业市场经营环境。

（二）探索企业资质改革和资质标准调整，在自贸区推行"告知承诺制"试点。

试行调整施工总承包二级及以下资质和专业承包资质标准以及业务承包范围。对信誉良好、具有相关专业技术能力、能够提供足额担保的企业，允许其在资质类别内承接高一等级资质相应的业务。具有施工总承包资质的企业，允许其承接单独发包的与其总承包资质相关的专业承包工程。

在广州南沙、深圳前海和珠海横琴3个自贸片区开展试点，对建筑业企业资质申请、升级、增项许可实行"告知承诺制"。对实行"告知承诺"的行政许可事项，制定完善配套政策，建立动态核查、社会监督、"黑名单"信用记录、诚信分类管理、奖励、信息通报与共享等制度，细化日常监管的具体措施，确保改革顺利推进。

（三）推行智慧审批，开展"互联网＋建筑业企业资质许可"应用试点。

按照国家大数据战略、"互联网＋"行动的布局和住房城乡建设部《2016—2020年建筑业信息化发展纲要》要求，建立建筑业企业资质智慧审批标准化数据库。将现有人员库、企业库与全国建筑市场监管公共服务平台、广东省建筑市场监管公共服务平台对接，对企业、人员、业绩、项目等信息进行标准化管理。同时，新建企业业绩库，在对企业资料申报入库时进行真实性筛选审核，对电子数据库信息做到一次审核，多次使用，一经入库，多事项通用。

构建数据共享的开放性信息平台。与工商、人力资源社会保障等部门加强合作，获取企业登记信息和变更情况、专业技术人员职称证书和学历证书、人员劳动合同和社保缴纳情况等信息，通过部门间数据共享和协作，有效提高审批效率。

完善智慧审批功能，应用现代化信息技术和大数据，量化审批标准，按照不同类别资质标准的要求编写数据模块，将数据库信息条目与审批模块对接，实行"机器换人"，通过系统运算，与设定的各类资质标准进行智能比对，自动判断生成结果，推进企业资质智慧提示、智慧审批、智慧监管。

（四）优化许可服务，提升广东省建筑业发展活力和资源配置效率。

以全面释放市场活力为导向，引导资质种类和资质等级合理分布，进一步优化全省建筑业企业资质结构，培育形成综合实力大而强、专业能力精而优的建筑业龙头企业。从业绩录入、政策解读、流程提速、持续跟踪、交流学习、协调会审6方面着手，对企业业绩数据录入给予指导服务，在文书制作、证书盖章等环节开辟绿色通道，对报住房城乡建设部许可事项及时向企业反馈意见，对申报涉及交通、水利、信息产业等方面资质的企业，会同其他专业部门为企业提供指导与服务。

实施步骤

试点工作期限2018年1月至2020年12月。

（一）全面启动（2018年1月-2018年12月）。制定政策文件，全面启动试点工作，优化资质管理取得明显成效。

（二）推进完善（2019年1月-2020年12月）。按照工作方案，落实工作任务、完善相关措施，并根据试点取得的经验和出现的问题，完善相关制度。

（三）总结评估（2021年1月）。全面总结试点工作情况，形成试点成果报告报住房城乡建设部。

进一步加强工程质量安全监管。 2018年，北京市住房和城乡建设委员会稳步推进建筑施工安全生产双重预防机制建设，印发《北京市房屋建筑和市政基础设施工程施工安全风险分级管控技术指南（试行）》《北京市房屋建筑和市政基础设施工程重大生产安全事故隐患判定导则（试行）》，为开展风险分级管控和隐患排查治理提供了统一的执行标准和参照依据。同时，开发建设的北京市房屋建筑和市政基础设施工程安全风险分级管控与隐患排查治理双重预防信息系统已于2019年1月1日上线运行，实现了安全风险管控和隐患排查治理的信息化管理。2019年2月1日，出台《北京市房屋建筑和市政基础设施工程施工安全风险分级管控和隐患排查治理暂行办法》，进一步明确工程项目各参建单位工作职责，规范施工安全风险分级管控和隐患排查治理工作流程和具体要求，要求企业线上填报风险与隐患数据，建立重大事故隐患和安全生产问题突出地区挂牌督办工作制度，明确市区两级住房城乡建设委员会的监管责任及措施，为持续推进双重预防机制建设提供制度保障。

江苏省住房和城乡建设厅积极开展"数字工地、智慧安监"试点建设，2018年在南京试点创建了24个"智慧工地"示范项目，取得了很好的社会和经济效益，2019年已在全省全面推广运用，并申请了7000多万的财政引导资金，对达到要求通过验收的示范项目每项补贴50～100万元，"智慧工地"建设大大提高了工程安全管理水平和政府监管效能，实现了死亡人数和安全质量事故起数的"双下降"。

福建省住房和城乡建设厅下发《关于应用远程视频监控加强工程质量安全监管的通知》，进一步提升监管信息化应用水平，提高质量安全监管效率。

积极推进建设工程招投标改革。 北京市住房和城乡建设委员会创新招投标交易机制和监管服务方式,加快推进建设工程电子化招投标。

2017年7月1日起北京市范围内各类建设工程全面实施电子化招投标,市区两级依法必须进行招标的建设工程招投标交易全过程实现无纸化在线电子交易,招投标监管服务事项实现全程网上受理、网上审批、网上办结。在全国省级层面率先实现"三个全覆盖",即:市区两级电子化招投标全覆盖,施工、监理、材料及货物等采购种类全覆盖,招投标交易监管服务流程全覆盖。电子化招投标全面实施以来取得了积极成效:

一是提升了服务对象满意度。电子化招投标的实施,为企业提供了便利,提高了企业办事效率。企业通过专属数字身份认证锁和CA电子印章参与招投标活动,全部数据通过网络下载、上传;招投标交易数据库与北京市住房和城乡建设委员会基础数据库对接,企业资质、业绩、注册人员、诚信记录等直接交互使用,数据一次填报多次使用,真正实现了"让数据多跑路,让企业少跑腿",获得了各方主体的一致好评。

二是营造了公开、公平、公正的招投标市场环境。电子化招投标的实施,实现了流程标准化、过程无纸化、业务透明化、系统智能化,有效遏制了围标、串标等违法行为。"互联网十"招标的应用,提高了招投标信息的公开透明度,促进了招投标参与各方的信息对称,无论是交易过程还是监管服务,所有操作都留痕、可追溯,对违规操作可以实时预警,实时防控,真正做到"阳光交易"。

三是降低了制度性交易成本。电子化招投标的实施,消除了原来纸质招标方式下企业购买文件、印制标书、交通通信、档案存储等费用。自2017年7月1日全面推行电子化招投标以来,有效降低了招投标制度性交易成本,据测算,2018年可直接为投标企业降低交易成本约6.9亿元。

四是提高了资源配置质量效率。电子化招投标的实施,充分发挥了市场在资源配置中的决定性作用,网上报名参与投标,保证更多的投标企业有机会进入招标项目的竞争行列。据统计，纸质招标方式下，投标企业的平均投标报名数为20多家，电子招标方式下，投标企业的平均投标报名数为50多家，参与市场竞争的企业增加了1倍多，市场竞争充分发挥，使招标人更高效的通过公开、公平、公正的方式择优选择中标人，为招标企业节约了建设成本。

五是推动了政府职能转变。电子化招投标的实施，推进了招投标监管体制机制创新，提高了监管效能，提高了办事效率。凡是能实现网上办理的事项，不得要求现场办理；凡是能够在线获取的市场主体信息，原则上不再要求市场主体以纸质方式重复提供；凡是能够通过行政监督平台在线操作的行政监督指令，原则上不再出具纸质文件。通过电子招投标全流程信息的动态记录、留痕追溯、透明公开，推动了招投标行政监督从事前审批向事中事后、动态协同方式转变，进一步提高行政监督的针对性、有效性和规范性。

天津市住房和城乡建设委员会积极推进工程招投标监管改革。简化前置审核，取消施工图设计文件审查合格书作为施工招标的前置要件，取消招标公告、招标文件、中标通知书、招标投标情况书面报告备案的前置审核，取消建设工程合同备案，将招投标活动的主动权还给市场各方主体。转变监管方式，明确了招标人、招标代理机构和评标专家的责任，以及监管机构的监管时机、监管方式，建立了事中事后监管的有效体系，提升了监管效能。据初步统计，投入的监管人员缩减了近三分之一，工作效率提升至少30%以上。优化标准流程，针对企业反映突出的开标环节烦琐、投标保证金不及时退还等问题，修订了施工招标文件范本，规范了投标文件的编制，扩大中标公示的内容和范围，节约了开评标时间，提高了工作效率，降低了工程交易时间和成本。

河北省自2018年11月1日起在省内全面施行《河北省房屋建筑和市政基础设施工程总承包招标文件示范文本》，重点从投标人的财务状况、设计能力、施工能力、信誉状况等方面综合考察投标人工程总承包能力，为招标人公平合理择优选择有实力的投标人提供评审依据，统一全省工程总承包招投标规则，提高招标文件编制质量和效率，规范全省房屋建筑和市政基础设施项目工程总承包招标投标活动。

积极推动生产组织方式创新。上海市住房和城乡建设管理委员会推进建筑师负责制试点，共有包括医疗、住宅、办公、商业、公共建筑、工业研发、城市更新改造、装修改建等23个多种类型项目纳入试点，其中2个项目试行建筑师团队对施工质量进行指导和监督的新型管理模式，试点由建筑师委托工程监理实施驻场质量技术监督。推进工程总承包试点，制定出台《上海市开展工程总承包企业承担施工图设计和施工图深化设计试点的工作方案》及《上海市工程总承包招投标评标办法》，年内共有35个项目纳入上海市第一批工程总承包试点项目。推进全过程咨询试点。在进一步优化政府审批环节，压缩审批时间的同时，鼓励有条件的建设单位委托符合要求的项目管理单位开展全过程工程咨询服务，提高项目设计质量，提升项目管理专业化水平。

广西积极稳妥推进工程总承包试点工作，不断完善管理制度，出台《关于推进广西房屋建筑和市政基础设施工程总承包试点发展的指导意见》《广西壮族自治区房屋建筑和市政基础设施工程总承包标准招标文件（试行）》。2018年7月，印发《关于进一步加强房屋建筑和市政基础设施工程总承包管理的通知》，引导建设范围、建设规模、建设标准、功能需求等前期条件较明确的政府和国有投资工程项目、装配式建筑、工程估算价总金额在5000万元人民币以上的非盈利公益性项目，原则上应带头采用工程总承包建设模式。培育发展全过程工程咨询，2018年3月，广西壮族自治区政府办公厅印发的《关于促进建筑业持续健康发展的实施意见》，明确"采用工程总承包模式的建筑项目，原则上委托全过程工程咨询。"2018年12月，广西印发了全国首部全过程工程咨询招标文件范本《广西壮族自治区房屋建筑和市政工程全过程工程咨询服务招标文件范本（试行）》。2018年将各地推进全过程工程咨询试点推进工作纳入了与各设区市住房城乡建设主管部门签署的《2018年广西壮族自治区建筑市场监管重点工作目标责任状》，督促广西各市积极推进试点工作。在进行工程总承包项目批复时，均积极鼓励业主单位采用委托第三方工程项目管理单位对项目实行全过程工程项目管理。

多措并举推动企业发展。河北省住房和城乡建设厅印发《培育发展建筑业龙头企业工作计划（2018-2020）》，支持省内建筑业企业在市场竞争中发展壮大，增强自身发展活力和市场竞争力，带动中小企业以及行业、产业的整体提升。到2020年，全省新增2~3家施工特级总承包企业，全省特、一级建筑业企业预期达到450家，以工程总承包、施工总承包为主业的大型企业明显增加。重点培育1~2家年产值超500亿元的"建筑旗舰"企业，加快培育年产值100亿元以上的施工企业5家、50~100亿元的20家，培育2~3家实力较强、有市场竞争力的工程总承包企业和全过程工程咨询企业，培育一批有地方特色和竞争优势的专业特色企业，形成龙头企业引领带动，中小微企业协同发展的产业体系。河南省住房和城乡建设厅制定了《河南省建筑类重点企业培育工作方案》，对省重点培育企业提供全方位支持服务。建立重点培育企业联系人制度，在资质晋升、政策咨询、市场开拓等方面对全省100家重点培育建筑业企业实行一对一服务。湖北省住房和城乡建设厅印发《关于支持我省建筑业重点培育企业加快发展的通知》，明确支持重点培育企业发展的扶持政策，从简化行政审批事项、优化政府服务模式、实施差异化监管、支持企业兼并重组等方面提出了具体措施。贵州省印发《贵州省住房城乡建设厅关于开展"一对一"服务建筑业企业专项行动工作方案》，持续开展对骨干企业的"一对一"服务工作。

一些地方出台政策措施帮助解决建筑业民营企业发展中遇到的难点、痛点问题，不断优化营商环境，着力推动建筑业民营企业高质量发展。如湖北省住房和城乡建设厅印发《省住建厅关于服务建筑业民营企业发展的十条措施》，黑龙江省住房和城乡建设厅印发《关于支持民营建筑企业发展意见的通知》，安徽省住房和城乡建设厅印发《关于大力促进全省建筑业民营经济发展的实施意见》。

湖北省《省住建厅关于服务建筑业民营企业发展的十条措施》（摘要）

一、优化行政审批服务。全面推行审批服务"一网覆盖、一次办好"，民营企业办事线上"一网通办"，线下"只进一扇门"，现场办理"最多跑一次"。为民营企业提供容缺后补、绿色通道、首席服务官和告知承诺、邮政送达等便利化服务，打通数据通道，减少申请材料。优化供水、供气报装办理流程，实现集中办理、限时办结。在推荐和确定全省重点培育建筑业企业时向民营企业倾斜，确保民营企业数量占比不少于60%，在资质升级、增项、延续等方面给予重点支持。

二、压缩项目审批时限。推广武汉市工程建设项目审批制度改革试点办法，为民营企业投资的工程建设项目"量身打造"更为优化的项目审批实施方案。通过优化审批阶段、简化流程，推动并联审批、多图联审，精简审批材料、推行告知承诺制，制定"一张蓝图、一个系统、一个窗口、一张表单、一套机制"等改革方式，在2019年将审批时限压减至120个工作日，下一步压减至90个工作日。

三、搭建银企合作平台。引导民营建筑业企业积极建立现代企业管理制度，规范财务管理制度，提高民营建筑业企业在银行授信体系中的信用度和透明度。积极主动与金融行业主管部门沟通联系，每年举办一次民营企业与银行的对接合作活动。将诚信经营的民营建筑业企业推荐给金融机构，建立银企信息交互新模式，当好"牵线搭桥"中间人。

四、开展信用等级评价。探索建立省级建筑行业信用等级评价标准，选择部分地区建立本地区的信用等级评价细则并开展试点，将企业的资信能力、既往业绩、市场行为等综合因素科学量化，为项目建设单位选择施工企业提供更为透明、直观的信息披露，为诚信经营的民营建筑业企业提供信用支持。推进信用等级评价结果在建设工程招投标、差异化监管、资质审批中的应用。

五、提供劳务信息支持。按照住房城乡建设部统一部署，至2019年7月1日起全面推行建筑工人实名制管理。打造全省建筑工人信息服务平台，维护民营企业和建筑工人之间的合法劳动关系和工资权益，利用行业部门的数据资源，为民营企业提供精准的用工、务工信息服务，挖掘市场劳务潜力，推进劳务基地建设，缓解民营企业用工难。

六、强化工程款支付保障。督促建设单位不得将未完成审计作为拖欠民营企业工程款的理由，验收合格的分部工程必须在规定的结算周期内完成结算并支付，缓解民营企业资金压力。严格执行工程预付款制度，通过工程款支付担保等经济、法律手段规范建设单位履约行为，预防拖欠民营企业工程款。指导和帮助民营企业规范合同条款，提升风险意识。

七、有效应对建材价格波动。积极应对砂石料等建材价格剧烈波动引发的成本问题，建立材料、人工等价格涨跌风险分担机制，出台建材价格剧烈波动风险管控措施，及时更新信息指导价。适时发布工程款结算调价指导意见，明确风险责任及解决办法。督促工程造价咨询从业人员公平、公正地执业，维护民营企业合法的经济利益。

八、支持发展绿色建材。推进开展绿色建材评价标识行动，发布新技术推广目录和绿色建材产品目录，鼓励民营企业加大研发投入。从严把控建筑材料进场验收关口，将施工现场建筑材料管控列入工程实体质量检查的重点，坚决打击假冒、伪劣的绿色建材产品，保护民营企业的正当利益。

九、加大质量创优力度。鼓励开展优质精品工程创建活动，推动解决优质工程奖项数量与我省现有的工程建设规模不匹配的问题。切实加强重大民生工程、住宅工程质量监管，推进工程质量管理标准化。协调相关行业协会及时组织企业开展培训学习，帮助民营企业掌握优质工程创建、申报、评审要求。加大对民营企业创优目标工程项目可行性评估、策划和过程的指导，大力支持推荐民营企业承建的工程项目申报优质工程奖项。

十、建立联系服务机制。各级住建部门要开展领导定点联系服务建筑企业活动，构建目标清晰、高效协同、配套完善的联系服务民营企业工作机制。领导干部到联系的民营企业调研、现场办公每年不少于两次,各级住建部门主要负责人每年邀请民营企业负责人参加座谈、分析住建经济形势、听取意见建议等不少于两次。设立网上诉求通道,建立"有诉必回"的工作机制。相关重大决策出台前要充分征求民营企业负责人意见建议。自觉接受社会监督,确保支持服务民营企业的各项措施落到实处。

加强建筑市场诚信体系建设。 上海市住房和城乡建设管理委员会出台《上海市建筑市场信用信息管理办法》,构建覆盖工程建设、工程勘察、设计、施工、监理、检测等各类企业和注册执业人员的信用体系。出台《关于开展建筑市场失信被执行人信用监督、警示和惩戒相关工作的通知》,对被列入失信被执行人名单的市场主体在办理施工许可证等行政许可事项上实施限制。加快建筑业人员信用体系建设的布局和推进工作,起草了《关于启用注册监理工程师个人信用档案(2018版)及注册建造师个人信用档案(2018版)的通知》。

广西壮族自治区住房和城乡建设厅印发《广西壮族自治区建筑市场主体"黑名单"管理办法(试行)》,进一步加强建筑市场诚信体系建设,健全失信惩戒机制,营造"守信激励,失信惩戒"的市场氛围。

《广西壮族自治区建筑市场主体
"黑名单"管理办法(试行)》(摘要)

本办法所称建筑市场主体"黑名单"管理,是指住房城乡建设主管部门将严重违反建筑行业有关法规规章的建筑市场各方主体列入建筑市场主体"黑名单",并向社会公布,实施信用约束、联合惩戒等措施。

本办法所称建筑市场各方主体是指工程建设项目的建设单位和从事工程建设活动的勘察、设计、施工、监理等单位,注册建筑师、勘察设计注册工程师、注册建造师、注册监理工程师等注册执业人员以及房屋建筑和市政基础设施工程评标专家。

县级以上住房城乡建设主管部门按照"谁处罚、谁列入"的原则,将存在下列情形的建筑市场各方主体,列入建筑市场主体"黑名单"：

（一）利用虚假材料、以欺骗手段取得企业资质的；

（二）存在转包、出借资质行为，受到行政处罚的；

（三）发生重大及以上工程质量安全事故，或1年内累计发生两次及以上较大工程质量安全事故，或发生性质恶劣、危害性严重、社会影响大的较大工程质量安全事故，受到行政处罚的；

（四）经法院判决或仲裁机构裁决，认定拖欠工程款，且拒不履行生效法律文书确定的义务的；

（五）串通投标，且情节严重，受到行政处罚的；

（六）发生《中华人民共和国招标投标法实施条例》第七十一、七十二条所列行为，情节特别严重，受到行政处罚的；

（七）在"广西建筑业企业诚信信息一体化平台"中报送企业基本信息时弄虚作假的；

（八）发生其他受到行政处罚，情节严重且造成恶劣影响行为的。

各级住房城乡建设主管部门应当参照建筑市场主体"黑名单"，对被人力资源社会保障主管部门列入拖欠农民工工资"黑名单"的建筑市场各方主体加强监管。

"黑名单"公布期限为自列入名单之日起一年。建筑市场各方主体修复失信行为并且在一年内未再次发生符合纳入"黑名单"情形行为的，由原纳入部门将其从"黑名单"移出。

对被公布纳入"黑名单"的主体，在"黑名单"公布期限内，实施以下监管措施：

（一）各级住房城乡建设主管部门应当将纳入"黑名单"的主体作为重点监管监察对象，建立常态化暗查暗访机制，不定期开展抽查；加大执法检查频次，每半年至少进行1次抽查；发现有新的违法违规行为的，要依法依规从重处罚。

（二）各级住房城乡建设主管部门不得将纳入"黑名单"的主体作为评优表彰、政策试点和项目扶持对象。

（三）各级住房城乡建设主管部门在办理行政许可事项时，应当对照"黑名单"进行重点审查。

（四）各级住房城乡建设主管部门要强化与相关部门的协同监管和联合惩戒，在其管辖工作中对被纳入"黑名单"的主体予以依法限制。

（五）招标人可对被纳入"黑名单"的主体予以限制。

对被纳入"黑名单"的房屋建筑和市政基础设施工程评标专家，将有关情形通报其所在单位。

第二章 中国建筑业发展状况

一、发展特点

(一) 产业规模继续扩大

2018年,建筑业深入推进供给侧结构性改革,推进产业转型升级,产业规模继续扩大,实现稳中有进。全国具有资质等级的总承包和专业承包建筑业企业完成建筑业总产值235085.53亿元,比上年增长9.9%;签订合同额494409.05亿元,增长12.5%。建筑业在国民经济中的支柱产业作用依然突出,建筑业增加值占国内生产总值的6.87%。全国具有资质等级的总承包和专业承包建筑业企业从业人员占全国就业人员总数的7.17%。

(二) 建筑业增速有所回落

2018年,固定资产投资增长5.9%,增速放缓。其中,基础设施投资增长3.8%。2018年下半年国家出台多项促进基础设施投资稳定发展的政策措施,着力聚焦补短板,聚焦关键领域和薄弱环节,重点投向脱贫攻坚、铁路、公路及水运、机场、水利、能源、农业农村、生态环保和社会民生等九大领域。随着政策措施的贯彻落实,基础设施等短板领域投资稳步增长。2018年,建筑业总产值增长9.9%,增速有所回落。

(三) 市场竞争更趋激烈

我国经济已由高速增长阶段转向高质量发展阶段,建筑业正向质量提升、结构优化迈进,对建筑业企业的发展模式提出了新的要求,企业的生产经营模式将由传统的劳动密集型转向资本和技术密集型,由工程承包模式向投融资建设运营一体化模式转变,企业将以投融资能力、技术能力、项目运营能力为核心竞争力。在投融资能力、技术水平、管理等方面综合实力强的企业具有明显的市场竞争优势，技术含量低、资金实力弱、管理粗放的企业的市场空间不断受到压缩。

（四）发展方式加快转变

2018年，建筑业企业继续加快转变发展方式，提高发展质量。一些企业结合市场需求调整优化产业结构，积极培育新兴产业，增强企业发展新动能。一些企业坚持创新驱动，不断提升科技创新能力，发挥科技创新引领作用，提高核心竞争力。企业业务模式加快转型，由工程承包模式向投融资建设运营一体化模式转变，从施工承包商向投资建设运营商转型。企业海外市场开拓稳步推进，在"一带一路"建设中继续发挥重要作用。

（五）市场环境不断优化

2018年，建筑市场环境进一步优化。住房城乡建设部按照国务院部署要求，积极推进工程建设项目审批制度改革试点工作，试点工作取得显著成效，实现了全流程审批时间压减至120个工作日以内的目标。住房城乡建设部继续深入推进建筑业"放管服"改革，进一步简政放权、放管结合，优化审批服务，提高审批效率，加强事中事后监管。建设工程企业资质统一实行电子化申报和审批，简化建设工程企业资质申报材料，一级建造师执业资格实行电子化申报和审批，进一步简化监理工程师和勘察设计工程师执业资格注册申报材料，取消建筑业企业最低等级资质标准现场管理人员指标考核，开展建筑业企业资质告知承诺审批。

二、建筑施工

（一）规模分析

产业总体规模再创新高。 2018年，全国具有资质等级的总承包和专业承包建筑业企业完成建筑业总产值235085.53亿元，比上年增长9.9%。

签订合同额 494409.05 亿元，增长 12.5%。完成房屋建筑施工面积 1408920.41 万平方米，增长 6.9%；完成房屋建筑竣工面积 413508.79 万平方米，下降 1.3%。按建筑业总产值计算的劳动生产率为 373187 元/人，增长 7.2%；共有建筑业企业 95400 个（表 2-1、图 2-1）。

2014-2018 年建筑业企业主要经济指标比较　　表 2-1

类别/年份	2014	2015	2016	2017	2018
企业数量（个）	81141	80911	83017	88074	95400
建筑业总产值（亿元）	176713.42	180757.47	193566.78	213943.56	235085.53
建筑业增加值（亿元）	44880	46627	49703	55314	61808
利润总额（亿元）	6407.13	6451.23	6986.05	7491.78	8104
劳动生产率（按总产值计算）（元/人）	317633	324026	336991	347963	373187
产值利润率（%）	3.6	3.6	3.6	3.5	3.4

数据来源：国家统计局、《中国统计年鉴》《2018 年国民经济和社会发展统计公报》。

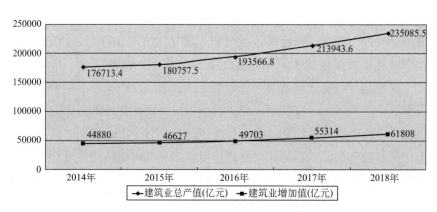

图 2-1　2014-2018 年建筑业总产值、建筑业增加值

支柱产业作用依然突出。 2018 年，全社会建筑业增加值 61808 亿元，占全年国内生产总值的 6.87%，支柱产业作用依然突出。建筑业仍是拉动就业的重要力量，全国具有资质等级的总承包和专业承包建筑业企业从业人员 5563.30 万人，占全国就业人员总数的 7.17%。

(二）效益分析

2018年，全社会建筑业增加值61808亿元，比上年增长4.5%。企业经营效益稳步提高，全国具有资质等级的总承包和专业承包建筑业企业利润8104亿元，增长8.2%；其中，国有控股企业2470亿元，增长8.5%。建筑业的产值利润率为3.4%。按建筑业总产值计算的劳动生产率为373187元/人，比上年增长7.2%。

(三）结构分析

1. 产品结构

房地产开发投资平稳增长。2018年，房地产开发投资120264亿元，比上年增长9.5%。其中住宅投资85192亿元，增长13.4%；办公楼投资5996亿元，下降11.3%；商业营业用房投资14177亿元，下降9.4%。

2018年，房屋建筑竣工面积413508.79万平方米。其中，住宅房屋竣工面积所占比重最高，达67.3%；其次为厂房及建筑物、商业及服务用房屋，所占比重分别为12.4%、6.8%（表2-2）。

2018年房屋建筑竣工面积构成　　　　　表2-2

房屋类型	竣工面积(万平方米)	所占比例(%)
住宅房屋	278409.96	67.3
商业及服务用房屋	28189.42	6.8
办公用房屋	20952.85	5.1
科研、教育和医疗用房屋	18244.40	4.4
文化、体育和娱乐用房屋	4026.45	1.0
厂房及建筑物	51082.68	12.4
仓库	3109.07	0.8
其他未列明的房屋建筑物	9493.95	2.3

数据来源：国家统计局。

交通固定资产投资小幅增长。2018年，全国完成交通固定资产投资32235亿元，比上年增长0.7%。

全年完成铁路固定资产投资8028亿元。

全年完成公路建设投资 21335 亿元，比上年增长 0.4%。其中，高速公路建设完成投资 9972 亿元，增长 7.7%；普通国省道建设完成投资 6378 亿元，下降 12.2%；农村公路建设完成投资 4986 亿元，增长 5.4%。

全年完成水运建设投资 1191 亿元，比上年下降 3.8%。其中，内河建设完成投资 628 亿元，增长 10.3%；沿海建设完成投资 563 亿元，下降 15.8%。

全年完成公路水路支持系统及其他建设投资 824 亿元，比上年增长 26.9%。

全年完成民航固定资产投资 857 亿元，比上年下降 1.3%。

2. 所有制结构

国有企业骨干作用继续发挥。2018 年，在具有资质等级的总承包和专业承包建筑业企业中，国有控股建筑业企业 6880 个，占全部企业数量的 7.2%；国有控股企业从业人员为 1072.87 万人，占全部企业的 19.3%。

2018 年，国有控股建筑业企业完成建筑业总产值 75949.60 亿元，占全部企业的 32.3%；签订合同额 235857.17 亿元，占全部企业的 47.7%；竣工产值 27372.54 亿元，占全部企业的 22.7%；实现利润 2470 亿元，增长 8.5%。全国具有资质等级的总承包和专业承包建筑业企业按建筑业总产值计算的劳动生产率为 373187 元/人，国有控股建筑业企业为 549950 元/人。

国有控股建筑业企业数量占全部有资质企业的 7.2%，完成了 32.3% 的总产值、47.7% 的合同额、22.7% 的竣工产值，充分显示了国有控股企业在建筑业中的骨干作用（表 2-3）。

2018 年国有控股建筑业企业主要生产指标占全部企业的比重　表 2-3

类别	全国建筑业企业	国有控股建筑业企业	国有控股建筑业企业占全部企业的比重
企业数量（个）	95400	6880	7.2%
从业人数（万人）	5563.30	1072.87	19.3%
建筑业总产值（亿元）	235085.53	75949.60	32.3%

续表

类别	全国建筑业企业	国有控股建筑业企业	国有控股建筑业企业占全部企业的比重
签订合同额(亿元)	494409.05	235857.17	47.7%
竣工产值(亿元)	120786.22	27372.54	22.7%

数据来源：国家统计局。

2018年，国有控股建筑业企业完成建筑业总产值居前的省市依次是：北京、湖北、广东、上海、陕西、四川，签订合同额居前的省市依次是：北京、湖北、广东、上海、四川、湖南（表2-4）。

2018年国有控股企业建筑业总产值、合同额地区份额 表2-4

建筑业总产值		合同额	
地区	数额(亿元)	地区	数额(亿元)
北京	8585.92	北京	31689.55
湖北	6737.91	湖北	21752.43
广东	5175.76	广东	20552.11
上海	4398.42	上海	17814.04
陕西	4339.51	四川	13058.07
四川	4157.29	湖南	12086.65

数据来源：国家统计局。

3. 地区结构

2018年，建筑业总产值排在前6位的省依次是：江苏、浙江、湖北、广东、四川、山东，上述6省完成的建筑业总产值占全国建筑业总产值的48.6%。其中，江苏和浙江分别占13.1%和12.2%（表2-5）。

2018年建筑业总产值地区份额 表2-5

地区	建筑业总产值(亿元)
江苏	30846.66
浙江	28756.20
湖北	15133.87
广东	13714.37

续表

地区	建筑业总产值（亿元）
四川	12983.75
山东	12898.29

数据来源：国家统计局。

2018年，在外省完成建筑业产值位居前列的依次是：江苏、浙江、北京、湖北，产值分别为14287亿元、14106.65亿元、7828.03亿元、5592.17亿元。在外省完成产值占建筑业总产值的比重位居前列的依次是：北京、上海、天津、浙江，分别为71.6%、56.8%、56.3%、49.1%。

4. 上市公司

2018年，绝大部分建筑业上市公司的营业收入有所增长。营业收入前三名依次是中国建筑股份有限公司、中国中铁股份有限公司、中国铁建股份有限公司，营业收入分别为11993.25亿元、7377.14亿元、7301.23亿元。大部分建筑业上市公司的每股收益有所提升，每股收益前三名是中国铁建股份有限公司、中国交通建设股份有限公司、中工国际工程股份有限公司，每股收益分别为1.26元、1.15元、1.08元（表2-6）。

建筑业上市公司2018年年报部分数据　　　　表2-6

股票代码	公司名称	每股收益（元）		净利润（万元）		净资产收益率（%）		营业利润率（%）
		2017	2018	2017	2018	2017	2018	
000065	北方国际合作股份有限公司	0.65	0.77	49925.34	58917.61	14.60	15.07	7.99
000090	深圳市天健(集团)股份有限公司	0.42	0.54	60162.12	78157.77	9.35	11.73	10.74
000498	山东高速路桥集团股份有限公司	0.51	0.59	57605.68	66361.92	15.40	15.37	6.13
000758	中国有色金属建设股份有限公司	0.10	0.06	20098.09	11972.56	3.94	2.31	2.20
000797	中国武夷实业股份有限公司	0.19	0.21	24975.79	30515.54	10.55	5.53	13.23

续表

股票代码	公司名称	每股收益(元)		净利润(万元)		净资产收益率(%)		营业利润率(%)
		2017	2018	2017	2018	2017	2018	
002051	中工国际工程股份有限公司	1.33	1.08	148407.04	120035.36	19.24	13.85	13.62
002060	广东水电二局股份有限公司	0.13	0.17	15810.26	20074.86	5.65	6.79	3.02
002062	宏润建设集团股份有限公司	0.25	0.27	27195.23	30041.88	10.33	10.49	5.53
002135	浙江东南网架股份有限公司	0.12	0.17	10358.33	17071.83	3.68	4.31	2.17
002140	东华工程科技股份有限公司	−0.14	0.33	−6313.58	14826.99	−3.16	7.31	4.25
002542	中化岩土集团股份有限公司	0.13	0.12	23655.80	22299.98	7.05	6.05	7.31
002586	浙江省围海建设集团股份有限公司	0.22	0.23	21332.40	25290.83	5.97	5.19	9.70
002628	成都市路桥工程股份有限公司	0.03	0.03	2242.61	2132.52	0.84	0.79	1.25
002941	新疆交通建设集团股份有限公司	0.42	0.60	24578.25	35327.50	17.63	20.36	8.41
600039	四川路桥建设集团股份有限公司	0.33	0.32	106413.41	117173.49	9.68	8.67	3.67
600068	中国葛洲坝集团股份有限公司	0.89	0.89	468360.21	465770.63	17.28	15.65	7.66
600170	上海建工集团股份有限公司	0.28	0.29	258446.52	277986.68	10.72	10.71	2.37
600248	陕西延长石油化建股份有限公司	0.25	0.35	19488.75	28136.17	9.11	12.15	5.46
600284	上海浦东路桥建设股份有限公司	0.38	0.47	37135.67	45288.53	6.90	8.00	14.91
600477	杭萧钢构股份有限公司	0.43	0.32	76801.64	56799.23	30.53	24.49	10.91

续表

股票代码	公司名称	每股收益(元)		净利润(万元)		净资产收益率(%)		营业利润率(%)
		2017	2018	2017	2018	2017	2018	
600491	龙元建设集团股份有限公司	0.48	0.64	60651.57	92218.47	10.89	11.16	6.26
600496	长江精工钢结构(集团)股份有限公司	0.04	0.11	6202.21	18171.23	1.60	4.11	2.23
600502	安徽水利开发股份有限公司	0.50	0.46	78133.97	79993.67	12.45	10.36	2.99
600512	腾达建设集团股份有限公司	0.17	0.02	27118.56	2561.00	5.66	0.52	−3.65
600820	上海隧道工程股份有限公司	0.58	0.63	181002.88	197876.28	9.78	9.99	6.81
600853	龙建路桥股份有限公司	0.26	0.24	13928.71	14628.55	15.65	10.70	2.06
600970	中国中材国际工程股份有限公司	0.56	0.78	97692.45	136752.09	13.47	17.00	7.90
601117	中国化学工程股份有限公司	0.32	0.39	155724.19	193177.39	5.56	6.31	3.40
601186	中国铁建股份有限公司	1.16	1.26	1605723.5	1793528.1	12.16	12.00	3.47
601390	中国中铁股份有限公司	0.67	0.72	1606683.3	1719813.8	11.25	10.81	3.08
601618	中国冶金科工股份有限公司	0.26	0.26	606148.8	637158.0	8.44	8.25	3.40
601668	中国建筑股份有限公司	0.76	0.87	3294179.9	3824132.4	15.82	15.97	5.98
601669	中国电力建设股份有限公司	0.48	0.48	741433.14	769514.31	10.65	9.73	4.28
601789	宁波建工股份有限公司	0.22	0.22	21392.93	21954.99	8.51	8.25	2.04
601800	中国交通建设股份有限公司	1.21	1.15	2058077.80	1968041.58	12.95	11.18	5.13

三、勘察设计

（一）规模分析

2018年，全国工程勘察设计企业营业收入总计51915.2亿元。其中，工程勘察收入914.8亿元，占营业收入的1.8%；工程设计收入4609.2亿元，占营业收入的8.9%；工程总承包收入26046.1亿元，占营业收入的50.2%；其他工程咨询业务收入657.3亿元，占营业收入的1.3%。

2018年，工程勘察设计企业全年利润总额2453.8亿元，与上年相比增加12.1%；企业净利润2045.4亿元，与上年相比增加13.7%。

2018年，工程勘察新签合同额合计1290.7亿元，与上年相比增加12.2%。工程设计新签合同额合计6616.4亿元，与上年相比增加20%。其中，房屋建筑工程设计新签合同额1947.6亿元，市政工程设计新签合同额888.1亿元。工程总承包新签合同额合计41585.9亿元，与上年相比增加21.4%。其中，房屋建筑工程总承包新签合同额15530.9亿元，市政工程总承包新签合同额5442.6亿元。其他工程咨询业务新签合同额合计859.7亿元，与上年相比增加23%。

（二）结构分析

1. 业务结构

2018年，在工程勘察设计企业营业收入中，工程勘察收入占营业收入的1.8%；工程设计收入占营业收入的8.9%；工程总承包收入占营业收入的50.2%；其他工程咨询业务收入占营业收入的1.3%。

2. 企业结构

2018年，全国共有23183个工程勘察设计企业参加了统计。其中，工程勘察企业2057个，占企业总数8.9%；工程设计企业20604个，占企业总数88.9%；工程设计与施工一体化企业522个，占企业总数2.2%。

3. 人员结构

2018年，全国工程勘察设计行业年末从业人员447.3万人，年末专业技术人员188.2万人。其中，具有高级职称人员40万人，占从业人员总数的9%；具有中级职称人员67.7万人，占从业人员总数的15.1%。

四、工程服务

（一）工程监理

1. 规模分析

2018年，工程监理企业全年营业收入4314.42亿元，与上年相比增长31.47%。其中工程监理收入1323.81亿元，与上年相比增长11.68%；工程勘察设计、工程招标代理、工程造价咨询、工程项目管理与咨询服务、工程施工及其他业务收入2990.61亿元，与上年相比增长42.66%。其中21个企业工程监理收入突破3亿元，59个企业工程监理收入超过2亿元，215个企业工程监理收入超过1亿元，工程监理收入过亿元的企业个数与上年相比增长23.56%。

2018年，工程监理企业承揽合同额5902.42亿元，与上年相比增长48.94%。其中工程监理合同额1917.05亿元，与上年相比增长14.36%；工程勘察设计、工程招标代理、工程造价咨询、工程项目管理与咨询服务、工程施工及其他业务合同额3985.37亿元，与上年相比增长74.29%（图2-2）。

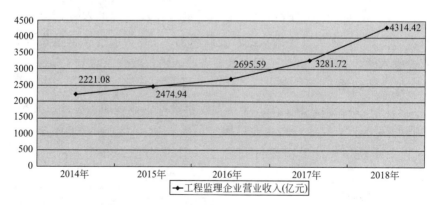

图2-2　2014-2018年工程监理企业营业收入

2. 结构分析

(1) 业务结构

2018年，工程监理收入占总营业收入的30.68%，工程监理合同额占总业务量的32.48%。

(2) 企业结构

2018年，全国共有8393个建设工程监理企业参加了统计，与上年相比增长5.64%。其中，综合资质企业191个，增长15.06%；甲级资质企业3677个，增长4.02%；乙级资质企业3502个，增长11.78%；丙级资质企业1013个，减少8.49%；事务所资质企业10个，增长150%。

(3) 人员结构

2018年年末，工程监理企业从业人员1169275人，与上年相比增长9.1%。其中，正式聘用人员806029人，占年末从业人员总数的68.93%；临时聘用人员363246人，占年末从业人员总数的31.07%；工程监理从业人员为787514人，占年末从业总数的67.35%。

2018年年末，工程监理企业专业技术人员942803人，与上年相比增长3.09%。其中，高级职称人员143263人，中级职称人员404455人，初级职称人员223297人，其他人员171788人。专业技术人员占年末从业人员总数的80.63%。

2018年年末，工程监理企业注册执业人员为310670人，与上年相比增长8.57%。其中，注册监理工程师为178173人，与上年相比增长8.68%，占总注册人数的57.35%；其他注册执业人员为132497人，占总注册人数的42.65%。

（二）工程招标代理

1. 规模分析

2018年，工程招标代理机构的营业收入总额为4520.38亿元，比上年增长98.52%。其中，工程招标代理收入950.35亿元，占营业收入总额的21.02%；工程监理收入495.43亿元，工程造价咨询收入591.78亿元，工程项目管理与咨询服务收入791.95亿元，其他收入

1690.86亿元。

2018年,工程招标代理机构工程招标代理中标金额156335.11亿元,比上年增长14.02%。其中,房屋建筑和市政基础设施工程招标代理中标金额125091.57亿元,占工程招标代理中标金额的80.02%;招标人为政府和国有企事业单位工程招标代理中标金额124804.96亿元,占工程招标代理中标金额的79.83%。

2018年,工程招标代理机构承揽合同约定酬金合计2057.85亿元,比上年增长28.17%。其中,工程招标代理承揽合同约定酬金为265.9亿元,占总承揽合同约定酬金的12.92%;工程监理承揽合同约定酬金为592.25亿元;工程造价咨询承揽合同约定酬金为631.36亿元;项目管理与咨询服务承揽合同约定酬金为173.37亿元;其他业务承揽合同约定酬金为394.97亿元。

2. 结构分析

(1) 业务结构

2018年,在工程招标代理机构的营业收入中,工程招标代理收入占21.02%,工程监理收入占10.96%,工程造价咨询收入占13.09%,工程项目管理与咨询服务收入占17.52%,其他收入占37.41%(图2-3)。

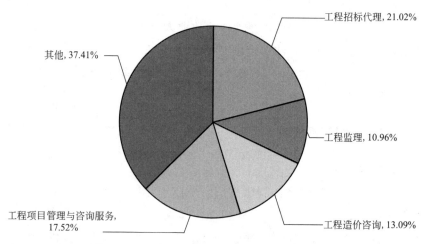

图2-3 2018年工程招标代理机构营业收入构成

(2) 企业结构

2018年度,参加统计的全国工程招标代理机构共7717个,比上年增长24.31%。按照企业登记注册类型划分,国有企业和国有独资公司共276个,股份有限公司和其他有限责任公司共3757个,私营企业3528个,港澳台投资企业2个,外商投资企业4个,其他企业150个。

(3) 人员结构

2018年年末,工程招标代理机构从业人员合计617584人,比上年增长2.22%。其中,正式聘用人员563336人,占年末从业人员总数的91.22%;临时工作人员54248人,占年末从业人员总数的8.78%。

2018年年末,工程招标代理机构正式聘用人员中专业技术人员合计463950人,比上年增长1.49%。其中,高级职称人员74212人,中级职称201655人,初级职称109240人,其他人员78843人。专业技术人员占年末正式聘用人员总数的82.36%。

2018年年末,工程招标代理机构正式聘用人员中注册执业人员合计140223人,比上年增长4.41%。其中,注册造价工程师60459人,占总注册人数的43.12%;注册建筑师1092人,占总注册人数的0.78%;注册工程师3403人,占总注册人数的2.43%;注册建造师28540人,占总注册人数的20.35%;注册监理工程师46062人,占总注册人数的32.85%;其他注册执业人员667人,占总注册人数的0.48%。

(三) 工程造价咨询服务

1. 规模分析

2018年,工程造价咨询企业的营业收入为1721.45亿元,比上年增长17.2%。其中,工程造价咨询业务收入772.49亿元,比上年增长16.8%,占全部营业收入的44.9%。招标代理业务收入176.59亿元,建设工程监理业务收入339.05亿元,项目管理业务收入326.57亿元,工程咨询业务收入106.76亿元,分别占全部营业收入的10.3%、19.7%、19.0%、6.2%。

2. 结构分析

（1）业务结构

在工程造价咨询业务收入中，按所涉及专业划分，有房屋建筑工程专业收入 449.57 亿元；市政工程专业收入 128.16 亿元；公路工程专业收入 38.04 亿元；火电工程专业收入 17.03 亿元；水利工程专业收入 17.65 亿元；分别占工程造价咨询业务收入的 58.20%、16.60%、4.90%、2.20%、2.30%。其他工程造价咨询业务收入合计 122.04 亿元，占 15.80%（图 2-4）。

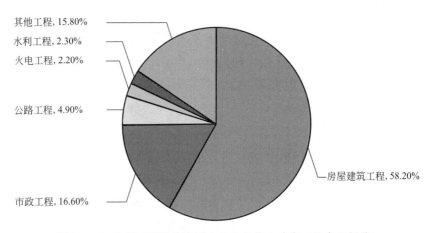

图 2-4　2018 年工程造价咨询企业业务收入分布（按专业划分）

按工程建设的阶段划分，有前期决策阶段咨询业务收入 69.01 亿元，实施阶段咨询业务收入 162.81 亿元，竣工结（决）算阶段咨询业务收入 309.28 亿元，全过程工程造价咨询业务收入 198.31 亿元，工程造价经济纠纷的鉴定和仲裁的咨询业务收入 15.74 亿元，分别占工程造价咨询业务收入的 8.9%、21.1%、40.0%、25.7% 和 2.0%。其他工程造价咨询业务收入合计 17.34 亿元，占 2.2%。

（2）企业结构

2018 年，全国共有 8139 家工程造价咨询企业参加了统计，比上年增长 4.3%。其中，甲级工程造价咨询企业 4236 家，增长 13.4%；乙级工程造价咨询企业 3903 家，减少 3.9%。专营工程造价咨询企业 2207 家，增长 12.5%；兼营工程造价咨询企业 5932 家，增长 1.6%。

(3) 人员结构

2018年末，工程造价咨询企业从业人员537015人，比上年增长5.8%。其中，正式聘用员工497933人，占92.7%；临时聘用人员39082人，占7.3%。

2018年末，工程造价咨询企业共有注册造价工程师91128人，比上年增长3.6%，占全部工程造价咨询企业从业人员的17.0%。

2018年末，工程造价咨询企业共有专业技术人员346752人，比上年增长2.1%，占全部工程造价咨询企业从业人员的64.6%。其中，高级职称人员80041人，中级职称人员178398人，初级职称人员88313人，分别占比23.1%、51.4%、25.5%。

五、对外承包工程

2018年，我国对外承包工程业务平稳发展。商务部数据显示，对外承包工程业务完成营业额1690.4亿美元，同比增长0.3%；新签合同额2418亿美元，同比下降8.8%。对外承包工程主要集中在交通运输、一般建筑和电力工程建设行业，占比66.5%。对外承包工程带动我国设备材料出口近170亿美元，同比增长10.4%。2018年，我国企业在"一带一路"沿线国家新签对外承包工程项目合同7721份，新签合同额1257.8亿美元，占同期我国对外承包工程新签合同额的52%，同比下降12.8%；完成营业额893.3亿美元，占同期总额的52.8%，同比增长4.4%。我国对外劳务合作派出各类劳务人员49.2万人，较上年同期减少3万人；其中承包工程项下派出22.7万人，占总量的46%，劳务合作项下派出26.5万人，占总量的54%。年末在外各类劳务人员99.7万人，较上年同期增加1.7万人。

六、安全形势

2018年，全国共发生房屋市政工程生产安全事故734起、死亡840人，与上年相比，事故起数增加42起、上升6.1%，死亡人数增加33人，上升4.1%。其中，宁夏、四川、黑龙江、河北、海南、陕西、北京、青海、上海、山东、辽宁、福建、甘肃、河南、重庆等15个地区事故起数同比上升，宁夏、四川、黑龙江、河北、北京、上海、青海、海南、辽宁、山东、安徽、陕西、福建、甘肃等14个地区死亡人数同比上升。

2018年，全国共发生房屋市政工程生产安全较大及以上事故22起、死亡87人，与上年相比，事故起数减少1起、下降4.3%，死亡人数减少3人、下降3.3%。全国15个地区发生较大及以上事故。其中，广东发生重大事故1起、死亡12人，较大事故2起、死亡7人；安徽发生较大事故2起、死亡10人；山东发生较大事故2起、死亡9人；上海、广西、贵州各发生较大事故2起、死亡6人；江西、河南、海南、宁夏各发生较大事故1起、死亡4人；天津、河北、湖北、四川、陕西各发生较大事故1起、死亡3人。广东省佛山市轨道交通2号线一期工程"2·7"透水坍塌重大事故，造成严重人员伤亡和财产损失，教训极其惨痛。

2018年，全国房屋市政工程生产安全事故按照类型划分，高处坠落事故383起，占总数的52.2%；物体打击事故112起，占总数的15.2%；起重伤害事故55起，占总数的7.5%；坍塌事故54起，占总数的7.3%；机械伤害事故43起，占总数的5.9%；车辆伤害、触电、中毒和窒息、火灾和爆炸及其他类型事故87起，占总数的11.9%。

2018年，全国房屋市政工程生产安全较大及以上事故按照类型划分，坍塌事故10起，占事故总数的45.5%；起重伤害事故4起，占总数的18.2%；中毒和窒息事故3起，占总数的13.7%；高处坠落事故2起，占总数的9.1%；机械伤害事故、触电事故和其他事故各发生1起，各占总数的4.5%。

2018年，全国建筑施工安全形势依然严峻，事故起数和死亡人数仍然偏多，重特大事故尚未完全杜绝，安全监管仍需进一步加强和完善。

第三章　行业改革纵深推进　市场环境持续优化

我国经济由高速增长阶段转向高质量发展阶段，建筑业是国民经济的支柱产业，深化建筑业改革、推动建筑业高质量发展意义重大。优化市场环境、建立健全统一开放的建筑市场体系、营造公平竞争的建筑市场环境，是建筑业高质量发展的基础和前提。

一、推进工程建设项目审批制度改革

工程建设项目审批制度改革是优化营商环境的重要举措，也是转变政府职能，深化"放管服"改革的重要内容。党中央、国务院高度重视创造良好营商环境和"放管服"改革工作，为推动政府职能转向减审批、强监管、优服务，促进市场公平竞争，解决工程建设项目审批手续多、办事难、耗时长等比较突出的问题，2018年5月14日，《国务院办公厅关于开展工程建设项目审批制度改革试点的通知》（国办发〔2018〕33号）下发，决定在北京市、天津市、上海市、重庆市、沈阳市、大连市、南京市、厦门市、武汉市、广州市、深圳市、成都市、贵阳市、渭南市、延安市和浙江省开展工程建设项目审批制度改革试点。

改革覆盖工程建设项目审批全过程（包括从立项到竣工验收和公共设施接入服务）；主要是房屋建筑和城市基础设施等工程，不包括特殊工程和交通、水利、能源等领域的重大工程；覆盖行政许可等审批事项和技术审查、中介服务、市政公用服务以及备案等其他类型事项，推动流程优化和标准化。《通知》要求，2018年，试点地区建成工程建设项目审批制度框架和管理系统，按照规定的流程，审批时间压减一半以上，由目前平均200多个工作日压减至120个工作日。2019年，总结推广试点经验，在全国范围开展工程建设项目审批制度改革，上半年将审批时间压减至120个工作日，试点地区审批事项和时间进一步减少；

地级及以上城市建成工程建设项目审批制度框架和管理系统。2020年，基本建成全国统一的工程建设项目审批和管理体系。《通知》明确了改革的主要内容：一是统一审批流程。将工程建设项目审批流程主要划分为立项用地规划许可、工程建设许可、施工许可、竣工验收等四个阶段；根据工程建设项目类型、投资类别、规模大小等，分类细化审批流程，确定审批阶段和审批事项；每个审批阶段确定一家牵头部门，实行"一家牵头、并联审批、限时办结"，由牵头部门组织协调相关部门严格按照限定时间完成审批。二是精简审批环节。精简审批事项和条件；下放审批权限；合并审批事项，推行联合勘验、联合测绘、联合审图、联合验收等；转变管理方式，对于能够用征求相关部门意见方式替代的审批事项，调整为政府内部协作事项；调整审批时序；推行告知承诺制。三是完善审批体系。"一张蓝图"统筹项目实施，"一个系统"实施统一管理，"一个窗口"提供综合服务，"一张表单"整合申报材料，"一套机制"规范审批运行。四是强化监督管理。加强事中事后监管，加大监督检查力度；加强信用体系建设，构建"一处失信、处处受限"的联合惩戒机制；规范中介和市政公用服务，建立健全管理制度。

住房城乡建设部按照国务院部署要求，加快推进改革试点工作。一是组织召开改革试点工作座谈会。按照韩正副总理指示，积极筹备召开工程建设项目审批制度改革试点工作座谈会。2018年6月4日，韩正副总理在厦门市主持召开工程建设项目审批制度改革试点工作座谈会，研究部署改革试点工作。二是开展改革试点工作培训。2018年6月5日，在厦门市召开工程建设项目审批制度改革试点培训会，王蒙徽部长出席培训会并进行专题辅导，系统总结推进工程建设项目审批制度改革的实践体会，对试点地区如何推进改革提出了明确要求。三是督促指导试点地区制定实施方案。印发《工程建设项目审批制度改革试点实施方案编写要点》。审核试点地区实施方案，组织专家研究论证，指导试点地区修改完善实施方案。四是梳理相关法律法规和政策文件。对国家层面工程建设项目审批涉及的90余部法律法规和政策文件进行全面梳理，研究提出第一批18部法律法规和政策文件的修改建议，完成住房城乡建设部8部规章和规范性文件修改工作。五是加快整合建设工程建设项目审批管理系统。积极开展系统整合建设的基础工作，印发工程建设项目审批管理系统数据对接标准、地方系统建设指南等指导性文件。六是开展调研督导。全面了解试点地区改革情况和存在的问题，有针对性地指导试点地区开展改革工作。制定印发《工程建设项目审批制度改革试点工作考核评价试行办法》。七是加强宣传和交流。定期编发工程建设项目审批制度改革试点工作简报，在住房城乡建设部网站开设"工程建设项目审批制度改革工作"专栏。

2018年，工程建设项目审批制度改革试点工作取得显著成效，实现了全流程审批时间压减至120个工作日以内的目标。

2019年3月26日，《国务院办公厅关于全面开展工程建设项目审批制度改革的实施意见》（国办发［2019］11号）发布。《实施意见》提出，对工程建设项目审批制度实施全流程、全覆盖改革。2019年上半年，全国工程建设项目审批时间压缩至120个工作日以内，省（自治区）和地级及以上城市初步建成工程建设项目审批制度框架和信息数据平台；到2019年底，工程建设项目审批管理系统与相关系统平台互联互通；试点地区继续深化改革，加大改革创新力度，进一步精简审批环节和事项，减少审批阶段，压减审批时间，加强辅导服务，提高审批效能。到2020年底，基本建成全国统一的工程建设项目审批和管理体系。《实施意见》要求，实现工程建设项目审批"四统一"。一是统一审批流程。精简审批环节，规范审批事项，逐步形成全国统一的审批事项名称、申请材料和审批时限。合理划分审批阶段，将工程建设项目审批流程主要划分为立项用地规划许可、工程建设许可、施工许可、竣工验收四个阶段，每个审批阶段确定一家牵头部门，实行"一家牵头、并联审批、限时办结"。制定全国统一的工程建设项目审批流程图示范文本。地级及以上地方人民政府要根据示范文本，分别制定政府投资、社会投资等不同类型工程的审批流程图；同时可结合实际，根据工程建设项目类型、投资类别、规模大小等，进一步梳理合并审批流程。实行联合审图和联合验收，推行区域评估和告知承诺制。二是统一信息数据平台。地级及以上地方人民政府要按照"横向到边、纵向到底"的原则，整合建设覆盖地方各有关部门和区、县的工程建设项目审批管理系统，并与国家工程建设项目审批管理系统对接，实现审批数据实时共享。省级工程建设项目审批管理系统要将省级工程建设项目审批事项纳入系统管理，并与国家和本地区各城市工程建设项目审批管理系统实现审批数据实时共享。三是统一审批管理体系。"一张蓝图"统筹项目实施，"一个窗口"提供综合服务，"一张表单"整合申报材料，"一套机制"规范审批运行。四是统一监管方式。加强事中事后监管，建立以"双随机、一公开"监管为基本手段，以重点监管为补充，以信用监管为基础的新型监管机制。加强信用体系建设，构建"一处失信、处处受限"的联合惩戒机制。规范中介和市政公用服务，建立健全中介服务和市政公用服务管理制度。

二、深化工程项目招投标制度改革

经国务院批准，2018年3月，国家发展和改革委员会发布《必须招标的工程项目规定》，缩小必须招标的工程项目范围，提高必须招标项目的规模标准。2018年6月，国家发展和改革委员会发布《必须招标的基础设施和公用事业项目范围规定》，缩小必须招标的大型基础设施和公用事业项目范围。

必须招标的工程项目规定

第一条 为了确定必须进行招标的工程项目，规范招标投标活动，提高工作效率、降低企业成本、预防腐败，根据《中华人民共和国招标投标法》第三条的规定，制定本规定。

第二条 全部或者部分使用国有资金投资或者国家融资的项目包括：

（一）使用预算资金200万元人民币以上，并且该资金占投资额10%以上的项目；

（二）使用国有企业事业单位资金，并且该资金占控股或者主导地位的项目。

第三条 使用国际组织或者外国政府贷款、援助资金的项目包括：

（一）使用世界银行、亚洲开发银行等国际组织贷款、援助资金的项目；

（二）使用外国政府及其机构贷款、援助资金的项目。

第四条　不属于本规定第二条、第三条规定情形的大型基础设施、公用事业等关系社会公共利益、公众安全的项目，必须招标的具体范围由国务院发展改革部门会同国务院有关部门按照确有必要、严格限定的原则制订，报国务院批准。

第五条　本规定第二条至第四条规定范围内的项目，其勘察、设计、施工、监理以及与工程建设有关的重要设备、材料等的采购达到下列标准之一的，必须招标：

（一）施工单项合同估算价在400万元人民币以上；

（二）重要设备、材料等货物的采购，单项合同估算价在200万元人民币以上；

（三）勘察、设计、监理等服务的采购，单项合同估算价在100万元人民币以上。

同一项目中可以合并进行的勘察、设计、施工、监理以及与工程建设有关的重要设备、材料等的采购，合同估算价合计达到前款规定标准的，必须招标。

第六条　本规定自2018年6月1日起施行。

必须招标的基础设施和公用事业项目范围规定

第一条　为明确必须招标的大型基础设施和公用事业项目范围，根据《中华人民共和国招标投标法》和《必须招标的工程项目规定》，制定本规定。

第二条　不属于《必须招标的工程项目规定》第二条、第三条规定情形的大型基础设施、公用事业等关系社会公共利益、公众安全的项目，必须招标的具体范围包括：

（一）煤炭、石油、天然气、电力、新能源等能源基础设施项目；

（二）铁路、公路、管道、水运，以及公共航空和A1级通用机场等交通运输基础设施项目；

> （三）电信枢纽、通信信息网络等通信基础设施项目；
> （四）防洪、灌溉、排涝、引（供）水等水利基础设施项目；
> （五）城市轨道交通等城建项目。
> 第三条 本规定自2018年6月6日起施行。

住房城乡建设部修订发布《房屋建筑和市政基础设施工程施工招标投标管理办法》，赋予社会投资的房屋建筑工程建设单位自主发包权。推进招投标制度改革试点工作，在北京、天津等6省市开展房屋建筑和市政基础设施工程电子招标投标试点。总结地方开展民间投资房屋建筑工程由建设单位自主决定发包方式试点工作情况，落实招标人自主权。

三、优化审批服务提高审批效率

2018年，住房城乡建设部继续深入推进建筑业"放管服"改革，印发《住房城乡建设部办公厅关于建设工程企业资质统一实行电子化申报和审批的通知》《住房城乡建设部办公厅关于简化建设工程企业资质申报材料有关事项的通知》《住房城乡建设部办公厅关于一级建造师执业资格实行电子化申报和审批的通知》《住房城乡建设部办公厅关于进一步简化监理工程师执业资格注册申报材料的通知》《住房城乡建设部办公厅关于进一步简化勘察设计工程师执业资格注册申报材料的通知》《住房城乡建设部办公厅关于取消建筑业企业最低等级资质标准现场管理人员指标考核的通知》《住房城乡建设部办公厅关于调整工程监理企业甲级资质标准注册人员指标的通知》，修订《注册建造师管理规定》，进一步简政放权、放管结合，优化审批服务，提高审批效率，加强事中事后监管。

为进一步深化建筑业简政放权改革，在总结已开展建筑业企业资质告知承诺审批试点经验基础上，住房城乡建设部扩大建筑业企业资质告知承诺审批试点地区，决定在江西省、河南省、四川省、陕西省推行建筑业企业资质审批告知承诺制。2018年11月1日起，对工商注册地为上述4省的企业申报建筑工程、市政公用工程施工总承包一级资质开展告知承诺审批。

为探索建立"诚信规范、审批高效、监管完善"的告知承诺审批新模式，推动资质管理向"宽准入、严监管、强服务"转变，推动建筑业高质量发展，2019年3月26日，《住房城乡建设部办公厅关于实行建筑业企业资质审批告知承诺制的通知》下发，决定2019年4月1日起，在全国范围对建筑工程、市政公用工程施工总承包一级资质（不含重新核定、延续）审批实行告知承诺制。企业根据建设工程企业资质标准作出符合审批条件的承诺，住房城乡建设部依据企业承诺直接办理相关资质审批手续，不再要求企业提交证明材料。

四、营造公平竞争的建筑市场环境

为建立健全统一开放的建筑市场体系，打破行政性垄断，防止市场垄断，严肃查处违规设置市场壁垒、限制建筑企业跨省承揽业务的行为，清理废除妨碍构建统一开放建筑市场体系的规定和做法，2018年3月，《住房城乡建设部办公厅关于开展建筑企业跨省承揽业务监督管理专项检查的通知》下发，决定开展工程勘察设计企业、建筑业企业、工程监理企业、工程招标代理机构（以下统称建筑企业）跨省承揽业务监督管理专项检查。《通知》明确了专项检查的内容，一是建筑企业跨省承揽业务监督管理相关法规、规章、规范性文件。重点检查是否已按照《住房城乡建设部关于印发推动建筑市场统一开放若干规定的通知》（建市〔2015〕140号）文件的要求，取消备案管理制度，实施信息报送制度。二是外地建筑企业信息报送管理工作。重点检查信息报送内容是否严格限定在建市〔2015〕140号文件规定的范围；报送信息是否向社会公开；是否随时接收外地建筑企业报送的基本信息材料；是否存在要求建筑企业重复报送信息，或每年度报送信息的情形等。三是建筑企业跨省承揽业务监督管理工作。各级住房城乡建设主管部门在建筑企业跨省承揽业务监督管理工作中是否存在建市〔2015〕140号文件第八条所列情形。《通知》要求，各级住房城乡建设主管部门要切实加强组织领导，明确分工，认真做好专项检查工作。加强制度建设，进一步规范建筑企业跨省承揽业务监督管理工作，营造良好建筑市场环境，促进企业自由流动，推动建筑业持续健康发展。

第四章 转变发展方式 提升发展质量

2018年,建筑业企业继续加快转变发展方式,结合市场需求加快推进结构调整、产业升级,加强自主创新,提升发展质量,提高竞争能力,着力打造具有持续成长性和较强竞争力的质量效益型企业。

一、结构调整持续推进

一些企业认真研究市场发展方向,优化调整产业结构,保持传统市场专业优势,积极培育新兴产业,打造新的增长点。

中国铁建股份有限公司大力推进企业转型、产业升级,培育新兴产业、新兴业务,增强企业发展新动能。进一步加快非工程承包产业发展,2018年非工程承包产业利润贡献度达56.74%,增加5.49个百分点,创历史新高,非工程承包产业实现营业收入、利润总额分别为1347.091亿元、142.447亿元,同比增长3.20%、30.76%。进一步优化工程承包主业结构。2018年,铁路、公路、房建、市政、城轨"五大千亿市场"更加均衡稳固,新兴市场业务呈现迅猛增长态势,特别是生态环保业务实现跨越式增长。大力发展投融资和运营业务。2018年,新增投融资项目101个;新增高速公路运营项目14个,持有经营性公路累计58个、总里程达5740公里;新增其他运营类城市轨道交通、综合管廊、地方铁路、停车场等项目9个,参与运营维管服务的铁路与城轨总里程达10000公里;亚吉铁路、麦加轻轨等海外重大项目年度运营任务顺利完成。

中国电力建设股份有限公司不断适应新形势,积极拓展战略新兴业务,不断培育新的业务增长点。一是重点开拓水环境与资源市场。公司不断强化"规划先行、综合统筹、专业突出"的水环境系统治理营销理念,积极构建并完善水环境业务营销管控体系,并将水环境业务定位为"十三五"期间的三大核心主业之一。2018年,公司中标吉林长春市新凯河水系综合治理工程（约 19 亿元）、河南省长垣县防洪除涝及水生态文明城市建设项目（21 亿元）、东莞市水生态建设项目五期工程、国内单体合同金额最大的正本清源项目——茅洲河流域（宝安片区）正本清源工程等重点项目，全年新签水环境项目合同 462 亿元，推动公司水资源与环境业务实现快速增长。二是深入拓展垃圾发电业务。由公司承建的非洲首座垃圾发电厂——埃塞俄比亚莱比垃圾发电厂竣工投产，将战略新兴产业推广到国际。

中国冶金科工股份有限公司进一步加快新兴市场开拓速度，抢滩布局，以快取胜占领更大的市场份额。努力加大对新兴产业的技术研发力度，保持技术领先优势。在城市地下综合管廊领域，2018 年，公司新中标深圳、武汉、珠海、天津、贵安新区等综合管廊项目。截至 2018 年末，公司累计已中标的 PPP 和施工总承包管廊项目里程超千公里。在主题公园领域，2018 年，成功中标和签约北京环球影城主题公园及度假区项目标段五和标段六、印尼 MNC 主题公园项目、开封恒大童世界主题乐园建设工程等重大项目。在水环境综合治理领域，以中国中冶水环境技术研究院为依托，持续加大对水环境技术的投入、研发和应用。围绕流域综合治理、黑臭水综合整治、市政污水处理、农村污水处理等市场进行重点开发，市场份额不断扩大。2018 年新签了深圳市龙岗河流域上游雨污分流 EPC 项目、深圳龙岗区深圳河流域观澜河流域小区排水管网清源改造工程勘察设计施工项目总承包、深圳市大空港片区正本清源工程、鄂州市滨江防洪生态修复项目、福建南安市"两溪一湾"安全生态水系综合整治（一期）工程等一批重大项目。

山西省工业设备安装集团有限公司聚焦细分领域，专注清洁供热、分布式能源、海绵城市建设、固废处置等领域，打造了"山安蓝天""山安茂德""山安碧泉""山安立德"四个平台公司，做专做精细分领域，实现多元增收。2018 年，企业转型业务利润贡献率达 67%，多元收入支撑了利润增长。清洁供热领域，以子公司山安蓝天为平台，聚焦清洁供热节能技术研发、投资及应用。投资建设的亚洲最大单体集中供热工程"太古供热热源工程"，可向太原市供热 7600 万平方米，收益十分可观。分布式能源领域，以子公司山安茂德分布式能源为平台，对分布式能源进行规划、投资、建设。实施的高平鑫时阳田分布式光伏发电项目是山西晋城首个并网的光伏发电项目。实施的山西大宁 100 万平方米 LNG 项目 2018 年投产，每年可稳定收益 5000 万元。海绵城市领域，以子公司山安碧泉海绵城市为平台，提供智慧海绵城市综合体服务。实施的山西介休小水网 PPP 项目、新绛汾河流域城区段综合治理项目将实现水资源、水生态、水安全与经济社会的协调发展。固废处理领域，以子公司山安立德为平台，聚焦固废领域投资、建设、运营及管理。实施的"寿阳城乡清洁一体化项目"获山西全省推介；实施的山西岢岚农村生活垃圾治理 PPP 项目示范意义重大；实施的山西运城绿色循环产业园区将打造集电、水、汽、热、固废处理、新能源为一体的循环产业园。

二、创新引领不断增强

一些企业牢固树立技术创新是引领企业发展第一动力的理念，不断提升科技创新能力，发挥科技创新引领作用，提升发展质量，促进转型升级。

2018 年，中国交通建设股份有限公司科技创新再次取得新突破。一是研发项目精准发力，面向前沿引领和关键共性技术。实施了包括智能桥梁技术研究与应用（一期）、雄安新区智能交通和绿色生态关键技术研究（一期）等在内的一批重大科技研发项目和国家科技支撑项目，推动公司重大科技攻关能力显著提升。二是国际科技交流与合作务实推进。公司被建筑智慧国际联盟吸纳为战略咨询委员会成员，是该联盟理事会自成立以来首次吸纳中国公司代表进入决策层。与法国拉豪集团和瑞士西卡集团联合在全球范围内开展国际创新活动，这也是中国企业首次在全球开展类似双创活动。三是知识产权创造取得新成就。公司主导编制的两项挖泥船国际标准通过了国际标准化组织审核并发布实施。获国家科技进步奖 4 项，技术发明奖 1 项，詹天佑奖 6 项，省部级科技类奖项 182 项。主参编颁布的国家标准 9 项、行业标准 25 项、编译行业标准 23 项，颁布企业技术标准 3 项。获得授权专利 1712 项、软件著作权 220 项、省部级工法 84 项。

2018年，中国中铁股份有限公司坚持创新驱动，增强发展后劲。全年4项成果获国家科学技术进步奖，1项成果获国家技术发明奖。新增专利1888项，同比增长56.7%。注重精准创新、研发引领，成立了单轨交通工程、"一带一路"互联互通、路基与地基工程、爆破安全、智慧城市、气动列车6个专业研发中心。全年新增国家级技术中心两个、省部级技术中心15个、省级重点实验室1个。研制了首台具有自主知识产权、纯国产化的地下施工装备——双轮铣，打破发达国家在这一领域的垄断。

上海隧道工程股份有限公司编制完成《隧道股份创新转型专项规划（2018—2020）》，着力加强创新业务顶层设计，明确创新业务发展方向。预制装配式桥梁和建筑信息化（BIM）两个中心获上海市科委认定筹建，并完成了以预制装配式桥梁为核心的上海城建国家级装配式建筑产业基地实施评估工作。在业务能级提升方面，高效智能盾构技术、供水管网智能漏损检测与非开挖修复技术等重大创新研发项目的研发与应用的推进力度不断加大。在地下工程技术研发和应用方面，针对技术和高效施工要求越来越高的特点，深入开展无渗漏地铁车站施工技术、大跨度大型基坑支撑体系鱼腹梁技术、超深地下车库静压式SPC工法等的研发应用。2018年，公司已成功将盾构穿越微扰动技术应用于上海14号线的盾构施工的沉降控制；高精度光纤连续监测技术应用于上海平申线钢混结构桥梁施工监测、高精度扫描监测技术和新型高分子复合泥浆技术应用于田林路管幕箱涵钢管幕施工工程中。田林路下穿中环线地道新建工程项目凭借高精准顶进技术最终以高架地面沉降不到10毫米、中环线无一次因地道施工受影响完成顶管贯通，标志着"管幕箱涵"技术成功实现了首个项目应用。

常州才良建筑科技有限公司创新施工技术及管理模式，为有效提高施工质量、安全和效率进行了有益探索。2014年起，总经理黄才良选取常州九洲花园三期58号楼回迁安置房实施精益实践，运用现代信息技术，将数十年施工管理经验和创新工艺工法，拆分成3000多个工序层级的模块，反复校验，成功实现了"六个零"的精益管理预期目标，即零距离沟通、零质量缺陷、零现场堆放、零安全事故、零交接窝工、零进度障碍。精益管理包含一般住宅整体价值流图绘制、精益建造工序作业标准编制与应用、施工现场流水线组建等在内的多达24本的1.0版的《住宅工艺标准》。2017年10月26日,"精益建造"被正式列入江苏省建筑产业现代化"行动纲领"——《江苏建造2025行动纲要》,作为四种推广的先进建筑技术之首。2018年,黄才良和他的团队将58号楼的实践经验融入精益建造理论体系,为才良模式完成从实践到理论的二次升华。他们请来国外的专家传经送宝,并尝试当前世界上各种先进软件工具,最终将目标锁定在WBS(工作分解结构)上且成功实现了预期目标,将才良模式"1.0版本"标准参数逐级分解融合,最终形成了应用层级的"精益建造"才良模式"2.0版本",充分应用WBS来定义项目,形成以工作包为可交付单元的控制模块,通过生产末位计划触发末端管理控制流程,促进各管理模块的目标控制。

三、业务模式加快转型

一些企业从科技、管理、资金、服务、营销等多方面入手,全面提升盈利能力,由工程承包模式向投融资建设运营一体化模式转变,从施工承包商向投资建设运营商转型,政府和社会资本合作模式(PPP)成为企业赢得市场份额的重要手段。

中国冶金科工股份有限公司结合市场情况及监管要求,及时调整PPP业务的思路,进一步严控风险,加强项目入口关审核,提高单个项目规模、质量,控制数量,加强市场开拓,扩大业务规模,促进公司转型升级。2018年,公司新签约PPP项目65个,项目总投资1062.93亿元。从行业分布来看,主要包括市政工程、交通运输、城镇综合开发、生态建设和环境保护、保障性安居工程等多个领域。

2018年,龙元建设集团股份有限公司承接业务合计371.51亿元,其中传统施工建筑业承接业务165.82亿元,PPP新承接业务205.69亿元。随着公司PPP项目的持续落地推进,PPP业务收入增速逐年大幅提高。2016年、2017年及2018年度PPP业务收入分别为9.33亿元、45亿元和76.50亿元,分别占当期合并营业总收入的比例为6.40%、25.24%、38.07%。

上海隧道工程股份有限公司奉行"设计引领,投资带动"的经营理念,设计、投资、施工、运营板块联动发展步伐逐年加快。通过全产业链协同运作,2018年,绍兴智慧快速路"三路一廊"投资建设一体化项目、竹园污水EPC项目等一批设计引领重点项目顺利落地实施。而年内通过投资带动的施工业务达96.26亿,占施工业务年度中标合同量的17.38%。杭州文一路地下工程项目更是集投资管理筹划、工程全面协调、建设运营同步统筹为一体的典型范例,该项目也是全国首个采用全寿命周期运营管理的隧道工程。

四、海外市场积极拓展

2018年,建筑业企业进一步加大海外市场开拓力度,在"一带一路"建设中继续发挥重要作用,国际业务稳步增长。

中国电力建设股份有限公司大力开拓国际市场,全球化发展再上新台阶。一是国际经营实现稳步增长。公司国际业务在全球贸易放缓的大背景下,主要经营发展指标实现逆势上扬,2018年实现新签国际业务合同1536.32亿元,同比增长29.29%;完成境外主营业务收入664.12亿元,同比增长5.05%。市场开发方面取得新突破,新开拓吉布提、南非等7个新市场,新进入地热、海工、炼油、援外4个行业领域。海外能源电力投资成效持续凸显,已投产电站发电量均创历史新高,推动公司海外业务转型升级再上新台阶。二是属地化经营取得丰硕成果。公司国际业务属地化发展扎实推进,六大区域总部建设实现较大进展。区域总部统筹区域内子企业打造立体营销体系,提升整体竞争能力。三是参与"一带一路"建设取得新成效。2018年在"一带一路"沿线33个国家新签对外承包工程项目合同236份、合同总额849.07亿元;在"一带一路"沿线国家中的42个国家执行在建项目,合同总额达到2800亿元。

2018年,中国建筑股份有限公司海外市场开拓稳步推进,海外业务实现营业收入902.8亿元,同比增长6.2%。在"一带一路"沿线国家新签合同额836.5亿元,占年度境外新签合同总额近50.9%。公司与阿根廷政府签署阿根廷国道B线特许经营合同,包括该公路的设计、建造、升级和运营维护工作。公司境外公路运营里程超过 1000 公里，并积极推进其他投资运营项目。2018 年，公司继续引领全球超高层建筑领域，累计实施百米以上建筑近 30 座，在机场、公路、桥梁等基础设施领域不断增长的同时，持续发力地铁、港口、铁路、矿山开采等细分领域，推动海外业务高质量发展。

第五章　建筑业改革发展形势

一、建筑业进入高质量发展新阶段

十九大报告指出，我国经济已由高速增长阶段转向高质量发展阶段，正处在转变发展方式、优化经济结构、转换增长动力的攻关期，建设现代化经济体系是跨越关口的迫切要求和我国发展的战略目标。必须坚持质量第一、效益优先，以供给侧结构性改革为主线，推动经济发展质量变革、效率变革、动力变革。把提高供给体系质量作为主攻方向，显著增强我国经济质量优势。

建筑业是国民经济的支柱产业。目前，建筑业仍然大而不强，生产方式粗放，工程建设组织方式落后，质量安全事故时有发生，企业核心竞争力不强，工人技能素质偏低。按照高质量发展要求，建筑业要转变发展方式，深入推进供给侧结构性改革，提质增效，转型升级。要从规模扩张转向结构优化，围绕市场需求推进结构调整，改善供给结构，提高建筑质量，提升产品品质；从要素驱动转向创新驱动，加快传统建筑业与先进制造技术、信息技术、节能技术等的融合，将现代先进技术成果在建筑产品中整合运用并创新，使建筑业承载更多的技术含量，增强产业竞争力，以技术创新为驱动，推动产业转型升级，推动建筑业进入高质量发展新阶段。

二、改革纵深推进助推高质量发展

公开透明的营商环境是推进建筑业高质量发展的基础和前提。近年来，建筑业改革政策密集出台，市场环境持续优化。《国务院办公厅关于促进建筑业持续健康发展的意见》发布，从深化建筑业简政放权改革、完善工程建设组织模式、加强工程质量安全管理、优化建筑市场环境、提高从业人员素质、推进建筑产业现代化、加快建筑业企业"走出去"等方面提出20条措施，全面系统地提出了促进建筑业持续健康发展的总体要求和改革方向。住房城乡建设部持续推进简政放权，放管结合，优化审批服务，提高审批效率，减轻企业负担，激发市场活力。推进工程建设项目审批制度改革，优化资质资格管理，深化工程项目招投标制度改革，健全建筑市场信用体系，加强事中事后监管，推动建筑市场统一开放，营造公平竞争的市场环境。

建筑业改革的纵深推进为企业的发展创造了良好环境，将促进建筑业企业不断提高技术和管理能力，适应市场需求，依靠技术、质量、服务、信誉打造企业品牌，不断提高创新力和竞争力，不断提供更加符合人民群众需求的产品和服务，实现更高质量、更可持续的发展。

三、国内外市场开拓机遇挑战并存

从国内看，建筑业是实现固定资产投资的主要行业，其增长趋势与国民经济发展、固定资产投资规模密切相关。近年来，随着我国经济发展进入新常态，经济增速、固定资产投资增速放缓，建筑业发展速度也随之放缓，市场环境发生较大变化，凭借要素投入、大规模投资拉动的粗放型增长模式已不可持续，建筑企业经营压力加大。建筑市场竞争也日益加剧，业主对企业的资本、技术、管理等能力以及工程质量、生态环保等提出了更高的要求，企业转型升级刻不容缓。

建筑业仍处于战略机遇期。基础设施仍是现阶段我国国民经济发展中的薄弱环节，仍有巨大的投资空间和潜力。我国将进一步完善基础设施，发挥基础设施对经济社会发展的支撑引领作用。随着新型城镇化建设、区域协调发展战略、乡村振兴战略、保障和改善民生等重大政策的推进，交通基础设施、城市基础设施建设将为建筑业发展提供广阔市场。

实施乡村振兴战略，是党的十九大作出的重大决策部署，是决胜全面建成小康社会、全面建设社会主义现代化国家的重大历史任务。2018年9月，中共中央、国务院印发的《乡村振兴战略规划（2018—2022年）》提出，加强农村基础设施建设。继续把基础设施建设重点放在农村，持续加大投入力度，加快补齐农村基础设施短板，促进城乡基础设施互联互通，推动农村基础设施提挡升级。

2018年10月31日，《国务院办公厅关于保持基础设施领域补短板力度的指导意见》发布。《指导意见》提出，聚焦关键领域和薄弱环节，保持基础设施领域补短板力度，进一步完善基础设施和公共服务，提升基础设施供给质量，更好发挥有效投资对优化供给结构的关键性作用，保持经济平稳健康发展。聚焦短板，支持"一带一路"建设，推进京津冀协同发展、长江经济带发展、粤港澳大湾区建设等重大战略，围绕打好精准脱贫、污染防治攻坚战，着力补齐铁路、公路、水运、机场、水利、能源、农业农村、生态环保、公共服务、城乡基础设施、棚户区改造等领域短板，加快推进已纳入规划的重大项目。

《国务院办公厅关于保持基础设施领域补短板力度的指导意见》（摘要）

重点任务

（一）脱贫攻坚领域。深入推进易地扶贫搬迁工程，大力实施以工代赈，加强贫困地区特别是"三区三州"等深度贫困地区基础设施和基本公共服务设施建设。大力支持革命老区、民族地区、边疆地区和资源枯竭、产业衰退地区加快发展。

（二）铁路领域。以中西部为重点，加快推进高速铁路"八纵八横"主通道项目，拓展区域铁路连接线，进一步完善铁路骨干网络。加快推动一批战略性、标志性重大铁路项目开工建设。推进京津冀、长三角、粤港澳大湾区等地区城际铁路规划建设。加快国土开发性铁路建设。实施一批集疏港铁路、铁路专用线建设和枢纽改造工程。

（三）公路、水运领域。加快启动一批国家高速公路网待贯通路段项目和对"一带一路"建设、京津冀协同发展、长江经济带发展、粤港澳大湾区建设等重大战略有重要支撑作用的地方高速公路项目，加快推进重点省区沿边公路建设。加快推进三峡枢纽水运新通道和葛洲坝航运扩能工程前期工作，加快启动长江干线、京杭运河等一批干线航道整治工程，同步推动实施一批支线航道整治工程。

（四）机场领域。加快北京大兴国际机场建设，重点推进一批国际枢纽机场和中西部支线机场新建、迁建、改扩建项目前期工作，力争尽早启动建设，提升国际枢纽机场竞争力，扩大中西部地区航空运输覆盖范围。

（五）水利领域。加快建设一批引调水、重点水源、江河湖泊治理、大型灌区等重大水利工程，推进引江济淮、滇中引水、珠江三角洲水资源配置、碾盘山水利水电枢纽、向家坝灌区一期等重大水利工程建设，进一步完善水利基础设施网络。加快推进中小河流治理等灾后水利薄弱环节建设。

（六）能源领域。进一步加快金沙江拉哇水电站、雅砻江卡拉水电站等重大水电项目开工建设。加快推进跨省跨区输电，优化完善各省份电网主网架，推动实施一批特高压输电工程。加快实施新一轮农村电网改造升级工程。继续推进燃煤机组超低排放与节能改造，加大油气勘探开发力度，做好天然气产供储销体系和重点地区应急储气能力建设。积极推进一批油气产能、管网等重点项目。

（七）农业农村领域。大力实施乡村振兴战略，统筹加大高标准农田、特色农产品优势区、畜禽粪污资源化利用等农业基础设施建设力度，促进提升农业综合生产能力。持续推进农村产业融合发展。扎实推进农村人居环境整治三年行动，支持农村改厕工作，促进农村生活垃圾和污水处理设施建设，推进村庄综合建设。

（八）生态环保领域。加大对天然林资源保护、重点防护林体系建设、水土保持等生态保护重点工程支持力度。支持城镇生活污水、生活垃圾、危险废物处理设施建设，加快黑臭水体治理。支持煤炭减量替代等重大节能工程和循环经济发展项目。支持重点流域水环境综合治理。

（九）社会民生领域。支持教育、医疗卫生、文化、体育、养老、婴幼儿托育等设施建设，进一步推进基本公共服务均等化。推进保障性安居工程和城镇公共设施、城市排水防涝设施建设。加快推进"最后一公里"水电气路邮建设。

> 加强重大项目储备。根据重大战略部署、国民经济和社会发展规划纲要、重大建设规划以及财政承受能力和政府投资能力等,对接经济发展和民生需要,依托国家重大建设项目库,分近期、中期、长期三类储备一批基础设施等重点领域补短板重大项目,形成项目储备和滚动接续机制。
>
> 加快推进项目前期工作和开工建设。加强沟通协调,强化督促调度,加快规划选址、用地、用海、环评、水土保持等方面前期工作,加大征地拆迁、市政配套、水电接入、资金落实等推进力度,推动项目尽早开工建设。

实施区域协调发展战略是新时代国家重大战略之一,是贯彻新发展理念、建设现代化经济体系的重要组成部分。2018年11月,《中共中央 国务院关于建立更加有效的区域协调发展新机制的意见》发布。《意见》提出,推动国家重大区域战略融合发展。以"一带一路"建设、京津冀协同发展、长江经济带发展、粤港澳大湾区建设等重大战略为引领,以西部、东北、中部、东部四大板块为基础,促进区域间相互融通补充。区域协调发展战略将有效拉动投资,使各区域产业发展、生态环境建设、基础设施建设等领域取得大的发展和提升,大批建设项目将为建筑业企业带来市场机遇。

随着城市发展,中心大城市与周边地区的联系日趋紧密,形成了都市圈,引领带动区域经济发展。2019年2月,《国家发展改革委关于培育发展现代化都市圈的指导意见》发布。《指导意见》指出,城市群是新型城镇化主体形态,是支撑全国经济增长、促进区域协调发展、参与国际竞争合作的重要平台。都市圈是城市群内部以超大特大城市或辐射带动功能强的大城市为中心、以1小时通勤圈为基本范围的城镇化空间形态。《指导意见》将推进基础设施一体化作为第一项任务,要求以增强都市圈基础设施连接性贯通性为重点,以推动一体化规划建设管护为抓手,织密网络、优化方式、畅通机制,加快构建都市圈公路和轨道交通网。

《国家发展改革委关于培育发展现代化都市圈的指导意见》（摘要）

推进基础设施一体化

以增强都市圈基础设施连接性贯通性为重点，以推动一体化规划建设管护为抓手，织密网络、优化方式、畅通机制，加快构建都市圈公路和轨道交通网。

畅通都市圈公路网。增加城市间公路通道，密切城际公路联系，加快构建高速公路、国省干线、县乡公路等都市圈多层次公路网。鼓励地方对高频次通行车辆实施高速公路收费优惠政策，加快推广ETC应用，推动取消高速公路省界收费站，提升都市圈内高速公路通勤效率。实施"断头路"畅通工程和"瓶颈路"拓宽工程，全面摸排都市圈内各类"断头路"和"瓶颈路"，加快打通"断头路"，提升都市圈路网联通程度，推进"瓶颈路"改造扩容，畅通交界地区公路联系，全面取缔跨行政区道路非法设置限高、限宽等路障设施。打造一体化公路客运网络，完善充电桩、加气站、公交站场等布局，支持毗邻城市（镇）开行城际公交，加快推动近郊班线公交化。优化交界地区公交线网，促进与市域公交网络快速接驳。加快推进都市圈内城市间公交一卡互通、票制资费标准一致，健全运营补偿和结算机制，推动信息共享和监管协同。

打造轨道上的都市圈。统筹考虑都市圈轨道交通网络布局，构建以轨道交通为骨干的通勤圈。在有条件地区编制都市圈轨道交通规划，推动干线铁路、城际铁路、市域（郊）铁路、城市轨道交通"四网融合"。探索都市圈中心城市轨道交通适当向周边城市（镇）延伸。统筹布局都市圈城际铁路线路和站点，完善城际铁路网络规划，有序推进城际铁路建设，充分利用普速铁路和高速铁路等提供城际列车服务。创新运输服务方式，提升城际铁路运输效率。大力发展都市圈市域（郊）铁路，通过既有铁路补强、局部线路改扩建、站房站台改造等方式，优先利用既有资源开行市域（郊）列车；有序新建市域（郊）铁路，将市域（郊）铁路运营纳入城市公共交通系统。探索都市圈轨道交通运营管理"一张网"，推动中心城市、周边城市（镇）、新城新区等轨道交通有效衔接，加快实现便捷换乘，更好适应通勤需求。

提升都市圈物流运行效率。打造"通道＋枢纽＋网络"的物流运行体系，推动物流资源优化配置。统筹布局货运场站、物流中心等，鼓励不同类型枢纽协同或合并建设，支持城市间合作共建物流枢纽。结合发展需要适当整合迁移或新建枢纽设施，完善既有物流设施枢纽功能，提高货物换装的便捷性、兼容性和安全性。畅通货运场站周边道路，补齐集疏运"最后一公里"短板。提高物流活动系统化组织水平。加强干支衔接和组织协同，大力发展多式联运，推动港口型枢纽统筹对接船期、港口装卸作业、堆存仓储安排和干线铁路运输计划；鼓励空港型枢纽开展陆空联运、铁空联运、空空中转。加强现代信息技术和智能化装备应用，实行多式联运"一单制"。

统筹市政和信息网络建设。强化都市圈内市政基础设施协调布局，统筹垃圾处理厂、污水及污泥处理处置设施、变电站、危险品仓库等市政基础设施规划建设。推动供水、供电、供气、供热、排水等各类市政管网合理衔接，鼓励兼并重组、规模化市场化运营。完善都市圈信息网络一体化布局，推进第五代移动通信和新一代信息基础设施布局。探索取消都市圈内固定电话长途费，推动都市圈内通信业务异地办理和资费统一，持续推进网络提速降费。

从国际看，一方面，国际基础设施建设市场的需求依然旺盛，我国对企业"走出去"的政策支持和服务保障体系将更加完善。我国政府积极推动"一带一路"建设，基础设施互联互通是"一带一路"建设的优先领域，"一带一路"建设带动了大批重大项目建设，为建筑业企业拓展海外业务带来市场机遇。2018年，我国企业在"一带一路"沿线国家新签对外承包工程项目合同额占同期我国对外承包工程新签合同额的52%，完成营业额占同期总额的52.8%。"一带一路"沿线相当一部分国家基础设施建设投资规模庞大，市场需求旺盛，沿线国家市场将继续成为我国对外承包工程行业发展的增长点，建筑业企业"走出去"大有可为。另一方面，国际市场竞争更趋复杂激烈，各类风险和不确定性因素增加，一些国家和地区的贸易保护主义依然存在，国际市场对承包商技术、资本、管理等能力的要求越来越高，我国企业在融资能力、项目管理、风险防控、资源整合等方面的能力仍显不足，竞争力有待进一步提升。

四、技术进步提升发展质量空间巨大

我国建筑业工业化、信息化程度较低，生产方式粗放，劳动效率低，高耗能高污染，技术创新不强，建筑品质不高。随着我国经济转向高质量发展阶段，建筑业粗放发展模式难以为继，提质增效、转型升级更加紧迫。通过技术进步提高发展质量、促进产业转型升级、提升建筑品质的空间巨大。

建筑业要以技术创新为驱动，进一步推进建筑产业现代化。要践行绿色发展理念，将绿色发展理念应用于建筑全生命周期，降低建筑产品资源消耗和环境污染。大力推广装配式建筑，推动建造方式创新，推广应用绿色建材，顺应建筑产业发展绿色化、信息化和工业化的趋势。加快促进建筑业结构升级和可持续发展的共性技术和关键技术的推广应用，引导建筑企业采用先进适用、成熟可靠的新技术，提高工程科技含量。加快推进建筑信息模型（BIM）技术的集成应用，实现工程建设项目全生命周期数据共享和信息化管理，促进建筑业提质增效。适度提高安全、质量、性能、健康、节能等强制性指标要求，加快技术创新成果向新技术标准转化，通过标准化推动新技术、新工艺、新材料、新产品、新设备在工程建设领域的广泛应用，提升标准的先进性、有效性和适用性。

五、建筑产业工人队伍逐步形成

产业工人在加快建筑业转型升级、推动技术创新、提高企业竞争力等方面具有基础性作用。建筑工人组织化程度低、流动性大、老龄化严重、缺乏系统的技能培训和鉴定、技能素质偏低、合法权益得不到有效保障等问题，严重制约了建筑业的持续健康发展，影响建设工程质量安全水平的提高。

近年来,国家高度重视建筑产业工人队伍的培育,推进农民工向产业工人转型。2017 年 2 月,《国务院办公厅关于促进建筑业持续健康发展的意见》提出,促进建筑业农民工向技术工人转型。2018 年 11 月 12 日,住房城乡建设部启用全国建筑工人管理服务信息平台。2019 年 2 月,住房城乡建设部、人力资源社会保障部印发《建筑工人实名制管理办法》(试行),要求全面实行建筑业农民工实名制管理制度,对建筑企业所招用建筑工人的从业、培训、技能和权益保障等以真实身份信息认证方式进行综合管理。住房城乡建设部积极引导推动中建八局、中建七局与四川省、河南省等劳务输出大省合作建立建筑产业工人培育示范基地,提高建筑工人技能素质。加快劳务用工制度改革,构建以总承包企业自有工人为骨干、专业作业企业自有工人为主体的新型用工体系。

随着国家一系列政策措施的出台以及建筑业生产方式工业化的趋势,建筑业农民工向产业工人转型已是大势所趋。要加快推进建筑用工制度改革,以专业企业为建筑工人的主要载体,推动形成一批以作业为主的建筑业专业企业,逐步实现建筑工人专业化、组织化。施工单位与建筑工人建立相对稳定的劳动关系,依法签订劳动合同。加大对建筑工人的教育培训力度,健全建筑工人技能培训、技能鉴定体系,充分发挥企业在建筑工人组织化、技能培训等方面的主体作用。健全人才激励机制,建立与工人技能水平相结合的收入分配制度,将工资分配向关键技术技能岗位倾斜。

六、工程建设组织模式进一步完善

工程总承包和全过程工程咨询有利于提高投资效益、工程建设质量和运营效率。近年来,国家出台一系列政策加快推进工程建设项目组织实施方式改革,完善优化工程建设组织模式,积极推进工程总承包发展,促进设计施工深度融合;推进全过程工程咨询服务发展,由碎片化管理转向全过程管理。《国务院办公厅关于促进建筑业持续健康发展的意见》提出,加快推行工程总承包,装配式建筑原则上应采用工程总承包模式,政府投资工程应完善建设管理模式,带头推行工程总承包。培育全过程工程咨询，鼓励投资咨询、勘察、设计、监理、招标代理、造价等企业采取联合经营、并购重组等方式发展全过程工程咨询，培育一批具有国际水平的全过程工程咨询企业。《住房城乡建设部关于进一步推进工程总承包发展的若干意见》《国家发展改革委　住房城乡建设部关于推进全过程工程咨询服务发展的指导意见》出台，国家标准《建设项目工程总承包管理规范》发布。开展工程总承包和全过程工程咨询试点，发挥引领示范作用。

建设项目组织实施方式向工程总承包和全过程工程咨询转型的趋势已经显现，工程建设组织模式的完善优化将推动建筑产业转型升级，提升工程建设质量和效益，也将带动我国建筑企业从低端走向高端市场，提升整体竞争力。

七、市场机制建设加快推进

近年来，住房城乡建设部积极推动建筑市场信用体系建设，出台《建筑市场信用管理暂行办法》，探索建立建筑市场主体黑名单制度。推进失信联合惩戒，营造"一处失信、处处受限"的市场环境。完善全国建筑市场监管公共服务平台，营造公平竞争、诚信守法的建筑市场环境。积极推进实行工程担保制度，出台《住房城乡建设部等部门关于加快推进房屋建筑和市政基础设施工程实行工程担保制度的指导意见》。在部分地区试点推行对于信用良好、具有相关专业技术能力、能够提供足额担保的企业，在其资质类别内放宽承揽业务范围限制。

随着改革的深入，信用体系、工程担保等市场机制作用将充分发挥。通过加快建筑市场信用体系建设，完善失信联合惩戒机制，采用工程担保等市场手段，提高企业自律和市场制约水平，使市场各方主体履行职责、自我约束，通过市场机制实现优胜劣汰。

附录1 国务院办公厅关于全面开展工程建设项目审批制度改革的实施意见

国办发〔2019〕11号

各省、自治区直辖市人民政府,国务院各部委、各直属机构:

工程建设项目审批制度改革是党中央、国务院在新形势下作出的重大决策,是推进政府职能转变和深化"放管服"改革、优化营商环境的重要内容。2018年5月工程建设项目审批制度改革试点开展以来,试点地区按照国务院部署,对工程建设项目审批制度实施了全流程、全覆盖改革,基本形成统一的审批流程、统一的信息数据平台、统一的审批管理体系和统一的监管方式。经国务院同意,现就全面开展工程建设项目审批制度改革提出以下意见。

一、总体要求

(一)指导思想。以习近平新时代中国特色社会主义思想为指导,深入贯彻党的十九大和十九届二中、三中全会精神,坚持以人民为中心,牢固树立新发展理念,以推进政府治理体系和治理能力现代化为目标,以更好更快方便企业和群众办事为导向,加大转变政府职能和简政放权力度,全面开展工程建设项目审批制度改革,统一审批流程,统一信息数据平台,统一审批管理体系,统一监管方式,实现工程建设项目审批"四统一"。

(二)改革内容。对工程建设项目审批制度实施全流程、全覆盖改革。改革覆盖工程建设项目审批全过程(包括从立项到竣工验收和公共设施接入服务);主要是房屋建筑和城市基础设施等工程,不包括特殊工程和交通、水利、能源等领域的重大工程;覆盖行政许可等审批事项和技术审查、中介服务、市政公用服务以及备案等其他类型事项,推动流程优化和标准化。

(三)主要目标。2019年上半年,全国工程建设项目审批时间压缩至120个工作日以内，省（自治区）和地级及以上城市初步建成工程建设项目审批制度框架和信息数据平台；到2019年底，工程建设项目审批管理系统与相关系统平台互联互通；试点地区继续深化改革，加大改革创新力度，进一步精简审批环节和事项，减少审批阶段，压减审批时间，加强辅导服务，提高审批效能。到2020年底，基本建成全国统一的工程建设项目审批和管理体系。

二、统一审批流程

（四）精简审批环节。精简审批事项和条件，取消不合法、不合理、不必要的审批事项，减少保留事项的前置条件。下放审批权限，按照方便企业和群众办事的原则，对下级机关有能力承接的审批事项，下放或委托下级机关审批。合并审批事项，对由同一部门实施的管理内容相近或者属于同一办理阶段的多个审批事项，整合为一个审批事项。转变管理方式，对能够用征求相关部门意见方式替代的审批事项，调整为政府内部协作事项。调整审批时序，地震安全性评价在工程设计前完成即可，环境影响评价、节能评价等评估评价和取水许可等事项在开工前完成即可；可以将用地预审意见作为使用土地证明文件申请办理建设工程规划许可证；将供水、供电、燃气、热力、排水、通信等市政公用基础设施报装提前到开工前办理，在工程施工阶段完成相关设施建设，竣工验收后直接办理接入事宜。试点地区要进一步精简审批环节，在加快探索取消施工图审查（或缩小审查范围）、实行告知承诺制和设计人员终身负责制等方面，尽快形成可复制可推广的经验。

（五）规范审批事项。各地要按照国务院统一要求，对本地区工程建设项目审批事项进行全面清理，统一审批事项和法律依据，逐步形成全国统一的审批事项名称、申请材料和审批时限。要本着合法、精简、效能的原则，制定国家、省（自治区）和地级及以上城市工程建设项目审批事项清单，明确各项审批事项的适用范围和前置条件，并实行动态管理。下级政府制定的审批事项清单原则上要与上级政府审批事项清单一致，超出上级政府审批事项清单范围的，要报上级机关备案，并说明理由。

（六）合理划分审批阶段。将工程建设项目审批流程主要划分为立项用地规划许可、工程建设许可、施工许可、竣工验收四个阶段。其中，立项用地规划许可阶段主要包括项目审批核准、选址意见书核发、用地预审、用地规划许可证核发等。工程建设许可阶段主要包括设计方案审查、建设工程规划许可证核发等。施工许可阶段主要包括设计审核确认、施工许可证核发等。竣工验收阶段主要包括规划、土地、消防、人防、档案等验收及竣工验收备案等。其他行政许可、强制性评估、中介服务、市政公用服务以及备案等事项纳入相关阶段办理或与相关阶段并行推进。每个审批阶段确定一家牵头部门，实行"一家牵头、并联审批、限时办结"，由牵头部门组织协调相关部门严格按照限定时间完成审批。

（七）分类制定审批流程。制定全国统一的工程建设项目审批流程图示范文本。地级及以上地方人民政府要根据示范文本，分别制定政府投资、社会投资等不同类型工程的审批流程图；同时可结合实际，根据工程建设项目类型、投资类别、规模大小等，进一步梳理合并审批流程。简化社会投资的中小型工程建设项目审批，对于带方案出让土地的项目，不再对设计方案进行审核，将工程建设许可和施工许可合并为一个阶段。试点地区要进一步加大改革力度，也可以在其他工程建设项目中探索将工程建设许可和施工许可合并为一个阶段。

（八）实行联合审图和联合验收。制定施工图设计文件联合审查和联合竣工验收管理办法。将消防、人防、技防等技术审查并入施工图设计文件审查，相关部门不再进行技术审查。实行规划、土地、消防、人防、档案等事项限时联合验收，统一竣工验收图纸和验收标准，统一出具验收意见。对于验收涉及的测绘工作，实行"一次委托、联合测绘、成果共享"。

（九）推行区域评估。在各类开发区、工业园区、新区和其他有条件的区域，推行由政府统一组织对压覆重要矿产资源、环境影响评价、节能评价、地质灾害危险性评估、地震安全性评价、水资源论证等评估评价事项实行区域评估。实行区域评估的，政府相关部门应在土地出让或划拨前，告知建设单位相关建设要求。

（十）推行告知承诺制。对通过事中事后监管能够纠正不符合审批条件的行为且不会产生严重后果的审批事项，实行告知承诺制。公布实行告知承诺制的工程建设项目审批事项清单及具体要求，申请人按照要求作出书面承诺的，审批部门可以根据申请人信用等情况直接作出审批决定。对已经实施区域评估范围内的工程建设项目，相应的审批事项实行告知承诺制。

三、统一信息数据平台

（十一）建立完善工程建设项目审批管理系统。地级及以上地方人民政府要按照"横向到边、纵向到底"的原则，整合建设覆盖地方各有关部门和区、县的工程建设项目审批管理系统，并与国家工程建设项目审批管理系统对接，实现审批数据实时共享。省级工程建设项目审批管理系统要将省级工程建设项目审批事项纳入系统管理，并与国家和本地区各城市工程建设项目审批管理系统实现审批数据实时共享。研究制定工程建设项目审批管理系统管理办法，通过工程建设项目审批管理系统加强对工程建设项目审批的指导和监督。地方工程建设项目审批管理系统要具备"多规合一"业务协同、在线并联审批、统计分析、监督管理等功能，在"一张蓝图"基础上开展审批，实现统一受理、并联审批、实时流转、跟踪督办。以应用为导向，打破"信息孤岛"，2019年底前实现工程建设项目审批管理系统与全国一体化在线政务服务平台的对接，推进工程建设项目审批管理系统与投资项目在线审批监管平台等相关部门审批信息系统的互联互通。地方人民政府要在工程建设项目审批管理系统整合建设资金安排上给予保障。

四、统一审批管理体系

（十二）"一张蓝图"统筹项目实施。统筹整合各类规划，划定各类控制线，构建"多规合一"的"一张蓝图"。依托工程建设项目审批管理系统，加强"多规合一"业务协同，统筹协调各部门对工程建设项目提出建设条件以及需要开展的评估评价事项等要求，为项目建设单位落实建设条件、相关部门加强监督管理提供依据，加速项目前期策划生成,简化项目审批或核准手续。

(十三)"一个窗口"提供综合服务。县级及以上城市人民政府要加强政务大厅建设,发挥服务企业群众、监督协调审批的作用。整合各部门和各市政公用单位分散设立的服务窗口,设立工程建设项目审批综合服务窗口。建立完善"前台受理、后台审核"机制,综合服务窗口统一收件、出件,实现"一个窗口"服务和管理。省级人民政府要统一制定本地区"一窗受理"的工作规程。鼓励为申请人提供工程建设项目审批咨询、指导、协调和代办等服务,帮助企业了解审批要求,提供相关工程建设项目的申请材料清单,提高申报通过率。

(十四)"一张表单"整合申报材料。各审批阶段均实行"一份办事指南,一张申请表单,一套申报材料,完成多项审批"的运作模式,牵头部门制定统一的办事指南和申报表格,每个审批阶段申请人只需提交一套申报材料。建立完善审批清单服务机制,主动为申请人提供项目需要审批的事项清单。不同审批阶段的审批部门应当共享申报材料,不得要求申请人重复提交。

(十五)"一套机制"规范审批运行。建立健全工程建设项目审批配套制度,明确部门职责,明晰工作规程,规范审批行为,确保审批各阶段、各环节无缝衔接。建立审批协调机制,协调解决部门意见分歧。建立跟踪督办制度,实时跟踪审批办理情况,对全过程实施督办。各级政府部门要主动加强与人大及司法机构的沟通协调配合,加快法律法规、规范性文件和标准规范的立改废释工作,修改或废止与工程建设项目审批制度改革要求不相符的相关制度,建立依法推进改革的长效机制。

五、统一监管方式

(十六)加强事中事后监管。进一步转变监管理念,完善事中事后监管体系,统一规范事中事后监管模式,建立以"双随机、一公开"监管为基本手段,以重点监管为补充,以信用监管为基础的新型监管机制,严肃查处违法违规行为。对于实行告知承诺制的审批事项,审批部门应当在规定时间内对承诺人履行承诺的情况进行检查,承诺人未履行承诺的,审批部门要依法撤销行政审批决定并追究承诺人的相应责任。

（十七）加强信用体系建设。建立工程建设项目审批信用信息平台，完善申请人信用记录，建立红黑名单制度，实行信用分级分类管理，出台工程建设项目审批守信联合激励和失信联合惩戒合作备忘录，对失信企业和从业人员进行严格监管。将企业和从业人员违法违规、不履行承诺的失信行为纳入工程建设项目审批管理系统，并与全国信用信息共享平台互联互通，加强信用信息共享，构建"一处失信、处处受限"的联合惩戒机制。

（十八）规范中介和市政公用服务。建立健全中介服务和市政公用服务管理制度，实行服务承诺制，明确服务标准和办事流程，规范服务收费。依托工程建设项目审批管理系统建立中介服务网上交易平台，对中介服务行为实施全过程监管。供水、供电、燃气、热力、排水、通信等市政公用服务要全部入驻政务服务大厅，实施统一规范管理，为建设单位提供"一站式"服务。

六、加强组织实施

（十九）强化组织领导。住房城乡建设部要切实担负起工程建设项目审批制度改革工作的组织协调和督促指导责任；各部门要密切协调配合，加强工程建设项目审批制度改革、投资审批制度改革等"放管服"各项改革任务的协同联动，形成改革合力。各省级人民政府要按照本实施意见要求，全面领导本地区工程建设项目审批制度改革工作，加强统筹协调、指导和督促，为改革工作提供组织和经费保障，积极推动各项改革措施落地。各省级人民政府要在本实施意见印发后1个月内制定具体实施方案，并报住房城乡建设部备案。各地方人民政府要高度重视工程建设项目审批制度改革工作，承担改革主体责任，成立以主要负责同志为组长的领导小组，明确责任部门，制定时间表、路线图，确保按时保质完成任务。

（二十）加强沟通反馈和培训。住房城乡建设部要建立上下联动的沟通反馈机制，及时了解地方工程建设项目审批制度改革工作情况，督促指导地方研究解决改革中遇到的问题。各地要针对重点、难点问题，采用集中培训、网络培训和专题培训等方式，加强对各级领导干部、工作人员和申请人的业务培训，对相关政策进行全面解读和辅导，提高改革能力和业务水平。

（二十一）严格督促落实。住房城乡建设部要会同相关部门建立工程建设项目审批制度改革评估评价机制，重点评估评价各地全流程、全覆盖改革和统一审批流程、统一信息数据平台、统一审批管理体系、统一监管方式等情况，并将有关情况报国务院。地方各级人民政府要加大对地方有关部门工作的督导力度，跟踪改革任务落实情况。各省级人民政府要定期向住房城乡建设部报送工作进展情况。对于工作推进不力、影响工程建设项目审批制度改革进程，特别是未按时完成阶段性工作目标的，要依法依规严肃问责。

（二十二）做好宣传引导。各地要通过多种形式及时宣传报道相关工作措施和取得的成效，加强舆论引导，增进社会公众对工程建设项目审批制度改革工作的了解和支持，及时回应群众关切，为顺利推进改革营造良好的舆论环境。

国务院办公厅
2019 年 3 月 13 日

附录 2 2018—2019 年建筑业最新政策法规概览

1.2019 年 4 月 23 日，全国人民代表大会常务委员会关于修改《中华人民共和国建筑法》等八部法律的决定（中华人民共和国主席令第 29 号）发布。将《中华人民共和国建筑法》第八条修改为："申请领取施工许可证，应当具备下列条件：已经办理该建筑工程用地批准手续；依法应当办理建设工程规划许可证的，已经取得建设工程规划许可证；需要拆迁的，其拆迁进度符合施工要求；已经确定建筑施工企业；有满足施工需要的资金安排、施工图纸及技术资料；有保证工程质量和安全的具体措施。建设行政主管部门应当自收到申请之日起七日内，对符合条件的申请颁发施工许可证。"

2.2019 年 4 月 29 日，《国务院关于修改部分行政法规的决定》（国务院令第 714 号）发布，对四部行政法规的部分条款予以修改。其中涉及建筑业的是：修改《中华人民共和国注册建筑师条例》第八条，对申请参加一级注册建筑师考试人员的学历层次作出进一步规定。将《建设工程质量管理条例》第十三条修改为："建设单位在开工前，应当按照国家有关规定办理工程质量监督手续，工程质量监督手续可以与施工许可证或者开工报告合并办理。"

3.2019 年 3 月 26 日，《国务院办公厅关于全面开展工程建设项目审批制度改革的实施意见》（国办发〔2019〕11 号）发布。《实施意见》提出，对工程建设项目审批制度实施全流程、全覆盖改革。改革覆盖工程建设项目审批全过程（包括从立项到竣工验收和公共设施接入服务）；主要是房屋建筑和城市基础设施等工程，不包括特殊工程和交通、水利、能源等领域的重大工程；覆盖行政许可等审批事项和技术审查、中介服务、市政公用服务以及备案等其他类型事项，推动流程优化和标准化。2019 年上半年，全国工程建设项目审批时间压缩至 120 个工作日以内，省（自治区）和地级及以上城市初步建成工程建设项目审批制度框架和信息数据平台；到 2019 年底，工程建设项目审批管理系统与相关系统平台互联互通；试点地区继续深化改革，加大改革创新力度，进一步精简审批环节和事项，减少审批阶段，压减审批时间，加强辅导服务，提高审批效能。到 2020 年底，基本建成全国统一的工程建设项目审批和管理体系。《实施意见》要求，实现工程建设项目审批"四统一"。一是统一审批流程。精简审批环节，规范审批事项，逐步形成全国统一的审批事项名称、申请材料和审批时限。合理划分审批阶段，将工程建设项目审批流程主要划分为立项用地规划许可、工程建设许可、施工许可、竣工验收四个阶段，每个审批阶段确定一家牵头部门，实行"一家牵头、并联审批、限时办结"。制定全国统一的工程建设项目审批流程图示范文本。地级及以上地方人民政府要根据示范文本，分别制定政府投资、社会投资等不同类型工程的审批流程图；同时可结合实际，根据工程建设项目类型、投资类别、规模大小等，进一步梳理合并审批流程。实行联合审图和联合验收，推行区域评估和告知承诺制。二是统一信息数据平台。地级及以上地方人民政府要按照"横向到边、纵向到底"的原则，整合建设覆盖地方各有关部门和区、县的工程建设项目审批管理系统，并与国家工程建设项目审批管理系统对接，实现审批数据实时共享。省级工程建设项目审批管理系统要将省级工程建设项目审批事项纳入系统管理，并与国家和本地区各城市工程建设项目审批管理系统实现审批数据实时共享。三是统一审批管理体系。"一张蓝图"统筹项目实施，统筹整合各类规划，划定各类控制线，构建"多规合一"的"一张蓝图"。"一个窗口"提供综合服务，整合各部门和各市政公用单位分散设立的服务窗口，设立工程建设项目审批综合服务窗口。"一张表单"整合申报材料，各审批阶段均实行"一份办事指南，一张申请表单，一套申报材料，完成多项审批"的运作模式。"一套机制"规范审批运行，建立健全工程建设项目审批配套制度，明确部门职责，明晰工作规程，规范审批行为，确保审批各阶段、各环节无缝衔接。四是统一监管方式。加强事中事后监管，建立以"双随机、一公开"监管为基本手段，以重点监管为补充，以信用监管为基础的新型监管机制。加强信用体系建设，构建"一处失信、处处受限"的联合惩戒机制。规范中介和市政公用服务,建立健全中介服务和市政公用服务管理制度。

4.2018年9月28日,"住房城乡建设部关于修改《建筑工程施工许可管理办法》的决定"(住房城乡建设部令第42号)发布。《决定》规定,对《建筑工程施工许可管理办法》(住房城乡建设部令第18号)作如下修改:删去第四条第一款第七项。将第四条第一款第八项修改为:"建设资金已经落实。建设单位应当提供建设资金已经落实承诺书"。将第五条第一款第三项修改为:"发证机关在收到建设单位报送的《建筑工程施工许可证申请表》和所附证明文件后,对于符合条件的,应当自收到申请之日起七日内颁发施工许可证;对于证明文件不齐全或者失效的,应当当场或者五日内一次告知建设单位需要补正的全部内容,审批时间可以自证明文件补正齐全后作相应顺延;对于不符合条件的,应当自收到申请之日起七日内书面通知建设单位,并说明理由"。此外,对相关条文顺序作相应调整。《决定》自发布之日起施行。

5.2018年9月28日,"住房城乡建设部关于修改《房屋建筑和市政基础设施工程施工招标投标管理办法》的决定"(住房城乡建设部令第43号)发布。《决定》规定,对《房屋建筑和市政基础设施工程施工招标投标管理办法》(建设部令第89号)作如下修改:将第二条第一款修改为:"依法必须进行招标的房屋建筑和市政基础设施工程(以下简称工程),其施工招标投标活动,适用本办法"。删去第三条。删去第十一条第二款中的"具有相应资格的"。删去第十八条第一款第一项中的"(包括银行出具的资金证明)"。删去第四十七条第一款中的"订立书面合同后7日内,中标人应当将合同送工程所在地的县级以上地方人民政府建设行政主管部门备案"。删去第五十三条中的"招标人拒不改正的,不得颁发施工许可证"。删去第五十四条中的"在未提交施工招标投标情况书面报告前,建设行政主管部门不予颁发施工许可证"。此外,对相关条文顺序作相应调整。《决定》自发布之日起施行。

6.2018年12月22日,"住房城乡建设部关于修改《建筑业企业资质管理规定》等部门规章的决定"(住房城乡建设部令第45号)发布。《决定》规定,将《建筑业企业资质管理规定》(住房城乡建设部令第

22号,根据住房城乡建设部令第32号修正)第十四条修改为:"企业申请建筑业企业资质,在资质许可机关的网站或审批平台提出申请事项,提交资金、专业技术人员、技术装备和已完成业绩等电子材料"。将《建设工程勘察设计资质管理规定》(建设部令第160号,根据住房城乡建设部令第24号、住房城乡建设部令第32号修正)第十一条修改为:"企业申请工程勘察、工程设计资质,应在资质许可机关的官方网站或审批平台上提出申请,提交资金、专业技术人员、技术装备和已完成的业绩等电子材料"。删去第十二条和第十三条,对相关条文顺序作相应调整。将《工程监理企业资质管理规定》(建设部令第158号,根据住房城乡建设部令第24号、住房城乡建设部令第32号修正)第十二条修改为:"企业申请工程监理企业资质,在资质许可机关的网站或审批平台提出申请事项,提交专业技术人员、技术装备和已完成业绩等电子材料"。将《房地产开发企业资质管理规定》(建设部令第77号,根据住房城乡建设部令第24号修正)第六条第一款修改为"新设立的房地产开发企业应当自领取营业执照之日起30日内,在资质审批部门的网站或平台提出申请备案事项,提交营业执照、企业章程、专业技术人员资格证书和劳动合同的电子材料"。《决定》自发布之日起施行。

7.2018年12月29日,"住房城乡建设部关于修改《房屋建筑和市政基础设施工程施工图设计文件审查管理办法》的决定"(住房城乡建设部令第46号)发布。《决定》规定,对《房屋建筑和市政基础设施工程施工图设计文件审查管理办法》(住房城乡建设部令第13号)作如下修改:将第五条第一款修改为"省、自治区、直辖市人民政府住房城乡建设主管部门应当会同有关主管部门按照本办法规定的审查机构条件,结合本行政区域内的建设规模,确定相应数量的审查机构,逐步推行以政府购买服务方式开展施工图设计文件审查。具体办法由国务院住房城乡建设主管部门另行规定"。将第十一条修改为"审查机构应当对施工图审查下列内容:是否符合工程建设强制性标准;地基基础和主体结构的安全性;消防安全性;人防工程(不含人防指挥工程)防护安全性;是否符合民用建筑节能强制性标准,对执行绿色建筑标准的项目,还应当审查是否符合绿色建筑标准；勘察设计企业和注册执业人员以及相关人员是否按规定在施工图上加盖相应的图章和签字；法律、法规、规章规定必须审查的其他内容"。在第十九条增加一款，作为第三款"涉及消防安全性、人防工程（不含人防指挥工程）防护安全性的，由县级以上人民政府有关部门按照职责分工实施监督检查和行政处罚，并将监督检查结果向社会公布"。《决定》自发布之日起施行。

8.2019年3月13日，"住房城乡建设部关于修改部分部门规章的决定"（住房城乡建设部令第47号）发布。《决定》规定，删去《房屋建筑和市政基础设施工程施工分包管理办法》（建设部令第124号，根据住房城乡建设部令第19号修改）第十条第二款"分包工程发包人应当在订立分包合同后7个工作日内，将合同送工程所在地县级以上地方人民政府住房城乡建设主管部门备案。分包合同发生重大变更的，分包工程发包人应当自变更后7个工作日内，将变更协议送原备案机关备案"。将《房屋建筑和市政基础设施工程施工招标投标管理办法》（建设部令第89号，根据住房城乡建设部令第43号修改）第十八条中的"招标人应当在招标文件发出的同时，将招标文件报工程所在地的县级以上地方人民政府建设行政主管部门备案"修改为"招标人应当在招标文件发出的同时，将招标文件报工程所在地的县级以上地方人民政府建设行政主管部门备案，但实施电子招标投标的项目除外"。将第十九条中的"并同时报工程所在地的县级以上地方人民政府建设行政主管部门备案"修改为"并同时报工程所在地的县级以上地方人民政府建设行政主管部门备案，但实施电子招标投标的项目除外"。将《危险性较大的分部分项工程安全管理规定》（住房城乡建设部令第37号）第九条"建设单位在申请办理安全监督手续时，应当提交危大工程清单及其安全管理措施等资料"修改为"建设单位在申请办理施工许可手续时，应当提交危大工程清单及其安全管理措施等资料"。将《城市建设档案管理规定》（建设部令第61号，根据建设部令第90号、住房城乡建设部令第9号修改）第八条"列入城建档案馆档案接收范围的工程，建设单位在组织竣工验收前，应当提请城建档案管理机构对工程档案进行预验收。预验收合格后，由城建档案管理机构出具工程档案认可文件"修改为"列入城建档案馆档案接收范围的工程，城建档案管理机构按照建设工程竣工联合验收的规定对工程档案进行验收"。删去第九条"建设单位在取得工程档案认可文件后，方可组织工程竣工验收。建设行政主管部门在办理竣工验收备案时，应当查验工程档案认可文件"。将《城市地下管线工程档案管理办法》（建设部令第 136 号，根据住房城乡建设部令第 9 号修改）第九条"地下管线工程竣工验收前，建设单位应当提请城建档案管理机构对地下管线工程档案进行专项预验收"修改为"城建档案管理机构应当按照建设工程竣工联合验收的规定对地下管线工程档案进行验收"。《决定》自发布之日起施行。

9. 2018 年 9 月 12 日，《住房城乡建设部办公厅关于建设工程企业资质统一实行电子化申报和审批的通知》（建办市函〔2018〕493 号）下发，决定自 2019 年 1 月 1 日起对建设工程企业资质统一实行电子化申报和审批。《通知》规定，住房城乡建设部审批的工程勘察资质、工程设计资质、建筑业企业资质、工程监理企业资质（含涉及公路、铁路、水运、水利、信息产业、民航、海洋、航空航天等领域建设工程企业资质）的新申请、升级、增项、重新核定事项，均统一实行电子化申报和审批。实行电子化申报和审批后，住房城乡建设部不再受理上述事项纸质申报材料。对实行电子化申报和审批的事项，企业应通过建设工程企业资质申报软件申报。完成电子化申报后，企业仅须向住房城乡建设部行政审批集中受理办公室提供省级住房城乡建设主管部门或国务院国资委管理企业出具的关于报送资质申报材料的公函和通过建设工程企业资质申报软件生成的带条形码并加盖企业公章的企业资质申请表。资质申报所需其他附件材料均通过建设工程企业资质申报软件报送。《通知》要求，使用自行开发的电子化申报和审批管理系统的省级住房城乡建设主管部门，要按照统一数据交换标准，与住房城乡建设部电子化申报和审批系统进行对接。各省级住房城乡建设主管部门或国务院国资委管理的企业要加强对企业电子化申报材料真实性查验工作。对存在弄虚作假行为的企业，住房城乡建设部将按照《关于印发〈建设工程企业资质申报弄虚作假行为处理办法〉的通知》（建市〔2011〕200 号）有关规定予以严肃处理。

10. 2018年9月21日,《住房城乡建设部关于印发工程质量安全手册（试行）的通知》（建质〔2018〕95号）下发。《通知》要求，各地住房城乡建设主管部门可在工程质量安全手册的基础上，结合本地实际，细化有关要求，制定简洁明了、要求明确的实施细则。要督促工程建设各方主体认真执行工程质量安全手册，将工程质量安全要求落实到每个项目、每个员工，落实到工程建设全过程。要以执行工程质量安全手册为切入点，开展质量安全"双随机、一公开"检查，对执行情况良好的企业和项目给予评优评先等政策支持，对不执行或执行不力的企业和个人依法依规严肃查处并曝光。

11. 2018年9月30日,《住房城乡建设部关于修改和废止有关文件的决定》（建法〔2018〕98号）发布。《决定》规定，修改《住房城乡建设部办公厅关于进一步加强建筑工程施工许可管理工作的通知》（建办市〔2014〕34号）。将第一部分第二项内容修改为"（二）落实建设资金。各级住房城乡建设主管部门要加强对建设资金落实情况的监督检查，要求建设单位申请领取施工许可证时，提供建设资金已经落实承诺书。建设单位要确保建设资金落实到位，不得提供虚假承诺"。将第一部分第四项内容中"全国建筑市场监管与诚信信息发布平台"修改为"全国建筑市场监管公共服务平台"。将第二部分第四项内容修改为"（四）关于建设资金落实情况，实行建设资金已经落实承诺制，发证机关应当在施工许可证核发后一个月内对申请人履行承诺的情况进行检查，对申请人未履行承诺的，撤销施工许可决定并追究申请人的相应责任。同时，建立黑名单制度，将申请人不履行承诺的不良行为向社会公开，构建'一处失信、处处受限'的联合惩戒机制"。删去建筑工程施工许可证申请表（样本）表二建设单位提供的文件或证明材料情况中的"无拖欠工程款情形的承诺书""监理合同或建设单位工程技术人员情况"，将"资金保函或证明"修改为"建设资金已经落实承诺书"。增加建设资金已经落实承诺书（样本）。《决定》还规定，废止《关于加强民用建筑工程节能审查工作的通知》（建科〔2004〕174号），废止《关于认真做好〈公共建筑节能设计标准〉宣贯、实施及监督工作的通知》（建标函〔2005〕121号）。《决定》自公布之日起施行。

12. 2018年9月30日,《住房城乡建设部办公厅关于简化建设工程企业资质申报材料有关事项的通知》(建办市〔2018〕45号)下发。《通知》规定,企业在申请工程勘察、工程设计、建筑业企业资质(含升级、延续、变更)时,不需提供企业资质证书、注册执业人员身份证明和注册证书,由资质许可机关根据全国建筑市场监管公共服务平台的相关数据自行核查比对。企业在申请工程勘察、工程设计、建筑业企业资质(含新申请、升级、延续、变更)时,不需提供人员社保证明材料。由资质申报企业的法定代表人对人员社保真实性、有效性签字承诺,并承担相应法律责任。《通知》要求,各级住房城乡建设主管部门要充分运用信息共享等手段核实企业申报人员的真实性,加强对建设工程企业资质的动态监管。对不符合资质标准的企业,应当责令其限期整改,限期整改后仍不达标的,由资质许可机关撤回相应资质许可。对发现资质申报弄虚作假的企业,按照《建设工程企业资质申报弄虚作假行为处理办法》(建市〔2011〕200号)有关规定处理,并计入企业诚信档案。《通知》自2018年10月8日起施行。

13. 2018年10月9日,《住房城乡建设部办公厅关于一级建造师执业资格实行电子化申报和审批的通知》(建办市〔2018〕48号)下发,决定对一级建造师执业资格实行电子化申报和审批。自2018年10月22日起,一级建造师初始注册、增项注册、重新注册、注销等申请事项通过新版一级建造师注册管理信息系统实行网上申报、网上审批。

14. 2018年10月26日,《住房城乡建设部办公厅关于启用全国建筑工人管理服务信息平台的通知》(建办市函〔2018〕603号)下发,决定于2018年11月12日启用全国建筑工人管理服务信息平台(以下简称平台)。《通知》要求,各省级住房城乡建设主管部门要加快推进本地区平台建设,完善相关管理制度,制定工作措施,加强建筑工人实名制管理,及时记录建筑工人的身份信息、培训情况、职业技能、从业记录等信息,逐步实现本地区房屋建筑和市政基础设施工程建设领域建设项目全覆盖。对于暂未完成平台建设的地区,可暂时使用住房城乡建设部开发建设的平台进行管理。《通知》还要求,各省级住房城乡建设主管部门要按照《全国建筑工人管理服务信息平台数据标准(试行)》要求组织开展本地区平台建设，并按照《全国建筑工人管理服务信息平台数据接口标准（试行）》要求于2019年6月30日前实现与全国平台中央数据库的互联共享。要将平台建设和日常管理工作相结合，结合本地实际完善平台功能，丰富业务应用，实现本地区范围内数据互联共享，并确保数据的安全、准确、完整、及时。《通知》强调，住房城乡建设部将按照解决企业工资拖欠问题部际联席会议关于保障农民工工资支付工作考核细则的有关要求，对各省（区、市）平台建设工作开展督促检查，并对各省（区、市）平台建设情况进行考核。

15. 2018年10月29日，《住房城乡建设部办公厅关于进一步简化监理工程师执业资格注册申报材料的通知》（建办市〔2018〕51号）下发，决定进一步简化监理工程师执业资格注册申报材料。自2018年11月12日起，申报监理工程师执业资格注册（含初始注册、延续、变更），不再要求提供社保证明材料。由申请人及其聘用单位的法定代表人分别对申请人社保真实性、有效性签字承诺，并承担相应法律责任。

16. 2018年11月2日，《住房城乡建设部办公厅关于进一步简化勘察设计工程师执业资格注册申报材料的通知》（建办市〔2018〕52号）下发，决定进一步简化勘察设计工程师执业资格注册申报材料。自2018年12月1日起，申报勘察设计工程师执业资格注册（含初始注册、延续、变更），不再要求提供社保证明材料。由申请人及其聘用单位的法定代表人分别对申请人社保真实性、有效性签字承诺，并承担相应法律责任。

17. 2018年11月5日，《住房城乡建设部办公厅关于取消建筑业企业最低等级资质标准现场管理人员指标考核的通知》（建办市〔2018〕53号）下发，决定进一步简化《建筑业企业资质标准》（建市〔2014〕159号）部分指标，取消建筑业企业最低等级资质标准中关于持有岗位证书现场管理人员的指标考核。

18. 2018年12月22日，《住房城乡建设部办公厅关于调整工程监理企业甲级资质标准注册人员指标的通知》（建办市〔2018〕61号）下发。《通知》规定，自2019年2月1日起，审查工程监理专业甲级资质（含升级、延续、变更）申请时，对注册类人员指标，按相应专业乙级资质标准要求核定。《通知》要求，各级住房城乡建设主管部门要加强对施工现场监理企业是否履行监理义务的监督检查，重点加强对注册监理工程师在岗执业履职行为的监督检查，确保工程质量和施工安全，切实维护建筑市场秩序，促进工程监理行业持续健康发展。

19.2018年12月29日，"住房城乡建设部办公厅关于印发《全国建筑市场监管公共服务平台工程项目信息数据标准》的通知"（建办市〔2018〕81号）下发。《通知》指出，为加快推进建筑市场监管信息归集共享，提高全国建筑市场监管公共服务平台基础数据的及时性、准确性和完整性，住房城乡建设部对《全国建筑市场监管与诚信信息系统基础数据库数据标准（试行）》（建市〔2014〕108号）部分内容进行了修订，形成《全国建筑市场监管公共服务平台工程项目信息数据标准》。《通知》要求，各省级住房城乡建设主管部门要切实加强组织领导，明确专人负责新数据标准实施工作，确保在2019年6月底前完成本地区省级建筑市场监管一体化工作平台工程项目数据库升级工作。《通知》还要求，地方各级住房城乡建设主管部门要进一步完善工程项目信息归集工作机制，严格落实工程项目信息采集管理的主体责任，明确工程项目信息归集责任人，建立责任追溯制度，对篡改数据、虚假归集的责任人，应当严肃问责。《通知》强调，各省级住房城乡建设主管部门要积极推进建筑市场监管一体化工作平台应用，指导和服务建筑市场有关主体及时通过平台办理各项业务，并将相关数据上传至全国建筑市场监管公共服务平台；进一步完善数据共享工作机制，推动全国建筑市场监管公共服务平台数据在市县级住房城乡建设主管部门建筑市场监管业务中有效应用。

20.2019年1月3日，住房城乡建设部印发《建筑工程施工发包与承包违法行为认定查处管理办法》（建市规〔2019〕1号）。《管理办法》规定，本办法所称建筑工程，是指房屋建筑和市政基础设施工程及其附属设施和与其配套的线路、管道、设备安装工程。本办法所称的发包与承包违法行为具体是指违法发包、转包、违法分包及挂靠等违法行为。《管理办法》对违法发包、转包、违法分包、挂靠等违法行为的认定作出了明确规定。违法发包行为包括：建设单位将工程发包给个人的；建设单位将工程发包给不具有相应资质的单位的；依法应当招标未招标或未按照法定招标程序发包的；建设单位设置不合理的招标投标条件，限制、排斥潜在投标人或者投标人的；建设单位将一个单位工程的施工分解成若干部分发包给不同的施工总承包或专业承包单位的。转包行为包括：承包单位将其承包的全部工程转给其他单位（包括母公司承接建筑工程后将所承接工程交由具有独立法人资格的子公司施工的情形）或个人施工的；承包单位将其承包的全部工程肢解以后，以分包的名义分别转给其他单位或个人施工的；施工总承包单位或专业承包单位未派驻项目负责人、技术负责人、质量管理负责人、安全管理负责人等主要管理人员，或派驻的项目负责人、技术负责人、质量管理负责人、安全管理负责人中一人及以上与施工单位没有订立劳动合同且没有建立劳动工资和社会养老保险关系，或派驻的项目负责人未对该工程的施工活动进行组织管理，又不能进行合理解释并提供相应证明的；合同约定由承包单位负责采购的主要建筑材料、构配件及工程设备或租赁的施工机械设备，由其他单位或个人采购、租赁，或施工单位不能提供有关采购、租赁合同及发票等证明，又不能进行合理解释并提供相应证明的；专业作业承包人承包的范围是承包单位承包的全部工程，专业作业承包人计取的是除上缴给承包单位"管理费"之外的全部工程价款的；承包单位通过采取合作、联营、个人承包等形式或名义，直接或变相将其承包的全部工程转给其他单位或个人施工的；专业工程的发包单位不是该工程的施工总承包或专业承包单位的，但建设单位依约作为发包单位的除外；专业作业的发包单位不是该工程承包单位的；施工合同主体之间没有工程款收付关系，或者承包单位收到款项后又将款项转拨给其他单位和个人，又不能进行合理解释并提供材料证明的。两个以上的单位组成联合体承包工程，在联合体分工协议中约定或者在项目实际实施过程中，联合体一方不进行施工也未对施工活动进行组织管理的，并且向联合体其他方收取管理费或者其他类似费用的，视为联合体一方将承包的工程转包给联合体其他方。但有证据证明属于挂靠或者其他违法行为的除外。挂靠行为包括：没有资质的单位或个人借用其他施工单位的资质承揽工程的；有资质的施工单位相互借用资质承揽工程的，包括资质等级低的借用资质等级高的，资质等级高的借用资质等级低的，相同资质等级相互借用的；本办法第八条第一款第（三）至（九）项规定的情形，有证据证明属于挂靠的。违法分包行为包括：承包单位将其承包的工程分包给个人的；施工总承包单位或专业承包单位将工程分包给不具备相应资质单位的；施工总承包单位将施工总承包合同范围内工程主体结构的施工分包给其他单位的，钢结构工程除外；专业分包单位将其承包的专业工程中非劳务作业部分再分包的；专业作业承包人将其承包的劳务再分包的；专业作业承包人除计取劳务作业费用外，还计取主要建筑材料款和大中型施工机械设备、主要周转材料费用的。《管理办法》要求，县级以上人民政府住房和城乡建设主管部门应将查处的违法发包、转包、违法分包、挂靠等违法行为和处罚结果记入相关单位或个人信用档案，同时向社会公示，并逐级上报至住房城乡建设部，在全国建筑市场监管公共服务平台公示。《管理办法》自2019年1月1日起施行。2014年10月1日起施行的《建筑工程施工转包违法分包等违法行为认定查处管理办法（试行）》（建市〔2014〕118号）同时废止。

21. 2019年1月30日，《住房城乡建设部办公厅关于支持民营建筑企业发展的通知》（建办市〔2019〕8号）下发。《通知》要求，地方各级住房和城乡建设主管部门要全面排查建筑市场监管地方性法规、地方政府规章、规范性文件，重点对涉及行政审批、市场准入、招标投标、施工许可等条款或规定进行合法性合规性审查，全面清理对民营建筑企业生产经营活动设置的不平等限制条件和要求，切实保障民营企业平等竞争地位。民营建筑企业在注册地以外的地区承揽业务时，地方各级住房和城乡建设主管部门要给予外地民营建筑企业与本地建筑企业同等待遇，不得擅自设置任何审批和备案事项，不得要求民营建筑企业在本地区注册设立独立子公司或分公司。《通知》规定，招标人不得排斥民营建筑企业参与房屋建筑和市政基础设施工程招投标活动，对依法必须进行招标的项目不得非法限定潜在投标人或者投标人的所有制形式或者组织形式，不得对民营建筑企业与国有建筑企业采取不同的资格审查或者评标标准等。除投标保证金、履约保证金、工程质量保证金和农民工工资保证金外，严禁向民营建筑业企业收取其他保证金。对于保留的上述

4类保证金，推行银行保函制度，民营建筑业企业可以银行保函方式缴纳。未按规定或合同约定返还保证金的，保证金收取方应向民营建筑业企业支付逾期返还违约金。《通知》还要求，各级住房和城乡建设主管部门在开展建筑企业诚信评价时，对民营建筑企业与国有建筑企业要采用同一评价标准，不得设置歧视民营建筑企业的信用评价指标，不得对民营建筑企业设置信用壁垒。及时清理歧视、限制、排斥民营建筑企业的诚信评价标准。各级住房和城乡建设主管部门研究制定涉及民营建筑企业的重大政策措施时，要广泛、充分听取民营建筑企业意见，做好政策衔接与协调；政策实施后，要加强宣传解读，确保措施落到实处。健全投诉举报处理机制，及时受理并处理民营建筑企业的举报投诉，保护民营建筑企业的合法权益。

22. 2019年2月17日，《住房城乡建设部 人力资源社会保障部关于印发建筑工人实名制管理办法（试行）的通知》（建市〔2019〕18号）下发。《管理办法》所称建筑工人实名制是指对建筑企业所招用建筑工人的从业、培训、技能和权益保障等以真实身份信息认证方式进行综合管理的制度。《管理办法》要求，全面实行建筑业农民工实名制管理制度，坚持建筑企业与农民工先签订劳动合同后进场施工。建筑企业应与招用的建筑工人依法签订劳动合同，对其进行基本安全培训，并在相关建筑工人实名制管理平台上登记，方可允许其进入施工现场从事与建筑作业相关的活动。项目负责人、技术负责人、质量负责人、安全负责人、劳务负责人等项目管理人员应承担所承接项目的建筑工人实名制管理相应责任。进入施工现场的建设单位、承包单位、监理单位的项目管理人员及建筑工人均纳入建筑工人实名制管理范畴。《管理办法》规定，建筑工人实名制信息由基本信息、从业信息、诚信信息等内容组成。基本信息应包括建筑工人和项目管理人员的身份证信息、文化程度、工种（专业）、技能（职称或岗位证书）等级和基本安全培训等信息。从业信息应包括工作岗位、劳动合同签订、考勤、工资支付和从业记录等信息。诚信信息应包括诚信评价、举报投诉、良好及不良行为记录等信息。《管理办法》还要求，总承包企业应以真实身份信息为基础，采集进入施工现场的建筑工人和项目管理人员的基本信息，并及时核实、实时更新；真实完整记录建筑工人工作岗位、劳动合同签订情况、考勤、工资支付等从业信息，建立建筑工人实名制管理台账；按项目所在地建筑工人实名制管理要求，将采集的建筑工人信息及时上传相关部门。已录入全国建筑工人管理服务信息平台的建筑工人，1年以上（含1年）无数据更新的，再次从事建筑作业时，建筑企业应对其重新进行基本安全培训，记录相关信息，否则不得进入施工现场上岗作业。建筑企业应配备实现建筑工人实名制管理所必需的硬件设施设备，施工现场原则上实施封闭式管理，设立进出场门禁系统，采用人脸、指纹、虹膜等生物识别技术进行电子打卡；不具备封闭式管理条件的工程项目，应采用移动定位、电子围栏等技术实施考勤管理。相关电子考勤和图像、影像等电子档案保存期限不少于两年。实施建筑工人实名制管理所需费用可列入安全文明施工费和管理费。建筑企业应依法按劳动合同约定，通过农民工工资专用账户按月足额将工资直接发放给建筑工人，并按规定在施工现场显著位置设置"建筑工人维权告示牌"，公开相关信息。《管理办法》还规定，各级住房和城乡建设部门可将建筑工人实名制管理列入标准化工地考核内容。建筑工人实名制信息可作为有关部门处理建筑工人劳动纠纷的依据。各有关部门应制定激励办法，对切实落实建筑工人实名制管理的建筑企业给予支持，一定时期内未发生工资拖欠的，可减免农民工工资保证金。各级住房和城乡建设部门对在监督检查中发现的企业及个人弄虚作假、漏报瞒报等违规行为，应予以纠正、限期整改，录入建筑工人实名制管理平台并及时上传相关部门。拒不整改或整改不到位的，可通过曝光、核查企业资质等方式进行处理，存在工资拖欠的，可提高农民工工资保证金缴纳比例，并将相关不良行为记入企业或个人信用档案，通过全国建筑市场监管公共服务平台向社会公布。《管理办法》强调，严禁各级住房和城乡建设部门、人力资源社会保障部门借推行建筑工人实名制管理的名义，指定建筑企业采购相关产品；不得巧立名目乱收费，增加企业额外负担。对违规要求建筑企业强制使用某款产品或乱收费用的，要立即予以纠正；情节严重的依法提请有关部门进行问责，构成犯罪的，依法追究刑事责任。《管理办法》自2019年3月1日起施行。

23.2019年3月15日,《国家发展改革委 住房城乡建设部关于推进全过程工程咨询服务发展的指导意见》(发改投资规〔2019〕515号)下发。《指导意见》提出,在项目决策和建设实施两个阶段,重点培育发展投资决策综合性咨询和工程建设全过程咨询,为固定资产投资及工程建设活动提供高质量智力技术服务,全面提升投资效益、工程建设质量和运营效率,推动高质量发展。鼓励投资者在投资决策环节委托工程咨询单位提供综合性咨询服务,统筹考虑影响项目可行性的各种因素,增强决策论证的协调性。投资决策综合性咨询服务可由工程咨询单位采取市场合作、委托专业服务等方式牵头提供,或由其会同具备相应资格的服务机构联合提供。鼓励纳入有关行业自律管理体系的工程咨询单位开展综合性咨询服务。投资决策综合性咨询应当充分发挥咨询工程师(投资)的作用,鼓励其作为综合性咨询项目负责人,提高统筹服务水平。以工程建设环节为重点推进全过程咨询,在房屋建筑、市政基础设施等工程建设中,鼓励建设单位委托咨询单位提供招标代理、勘察、设计、监理、造价、项目管理等全过程咨询服务。工程建设全过程咨询服务应当由一家具有综合能力的咨询单位实施,也可由多家具有招标代理、勘察、设计、监理、造价、项目管理等不同能力的咨询单位联合实施。全过程咨询单位提供勘察、设计、监理或造价咨询服务时,应当具有与工程规模及委托内容相适应的资质条件。工程建设全过程咨询项目负责人应当取得工程建设类注册执业资格且具有工程类、工程经济类高级职称,并具有类似工程经验。对于工程建设全过程咨询服务中承担工程勘察、设计、监理或造价咨询业务的负责人,应具有法律法规规定的相应执业资格。《指导意见》规定,全过程工程咨询服务酬金可在项目投资中列支,也可根据所包含的具体服务事项,通过项目投资中列支的投资咨询、招标代理、勘察、设计、监理、造价、项目管理等费用进行支付。全过程工程咨询服务酬金可按各专项服务酬金叠加后再增加相应统筹管理费用计取,也可按人工成本加酬金方式计取。鼓励投资者或建设单位根据咨询服务节约的投资额对咨询单位予以奖励。

24.2019年3月18日,《住房城乡建设部关于修改有关文件的通知》(建法规〔2019〕3号)下发。《通知》指出,为推进工程建设项目审批制度改革，决定对部分文件予以修改。修改《建筑工程方案设计招标投标管理办法》（建市〔2008〕63号），删除第十八条中"招标人和招标代理机构应将加盖单位公章的招标公告或投标邀请函及招标文件，报项目所在地建设主管部门备案"。修改《住房城乡建设部关于进一步加强建筑市场监管工作的意见》（建市〔2011〕86号），删除"（八）推行合同备案制度。合同双方要按照有关规定，将合同报项目所在地建设主管部门备案。工程项目的规模标准、使用功能、结构形式、基础处理等方面发生重大变更的，合同双方要及时签订变更协议并报送原备案机关备案。在解决合同争议时，应当以备案合同为依据"。修改《住房城乡建设部关于印发〈房屋建筑和市政基础设施工程施工安全监督规定〉的通知》（建质〔2014〕153号），将第七条"县级以上地方人民政府住房城乡建设主管部门或其所属的施工安全监督机构（以下合称监督机构）应当对本行政区域内已办理施工安全监督手续并取得施工许可证的工程项目实施施工安全监督"修改为"县级以上地方人民政府住房城乡建设主管部门或其所属的施工安全监督机构（以下合称监督机构）应当对本行政区域内已取得施工许可证的工程项目实施施工安全监督"。将第九条"（一）受理建设单位申请并办理工程项目安全监督手续"修改为"（一）建设单位申请办理工程项目施工许可证"。修改《房屋建筑和市政基础设施工程施工安全监督工作规程》（建质〔2014〕154号），将第四条"工程项目施工前，建设单位应当申请办理施工安全监督手续，并提交以下资料：（一）工程概况；（二）建设、勘察、设计、施工、监理等单位及项目负责人等主要管理人员一览表；（三）危险性较大分部分项工程清单；（四）施工合同中约定的安全防护、文明施工措施费用支付计划；（五）建设、施工、监理单位法定代表人及项目负责人安全生产承诺书；（六）省级住房城乡建设主管部门规定的其他保障安全施工具体措施的资料。监督机构收到建设单位提交的资料后进行查验，必要时进行现场踏勘，对符合要求的，在5个工作日内向建设单位发放《施工安全监督告知书》"修改为"工程项目施工前，建设单位应当申请办理施工许可证。住房城乡建设主管部门可以将建设单位提交的保证安全施工具体措施的资料（包括工程项目及参建单位基本信息）委托监督机构进行查验，必要时可以进行现场踏勘，对不符合施工许可条件的，不得颁发施工许可证"。将第六条中"已办理施工安全监督手续并取得施工许可证的工程项目"修改为"已取得施工许可证的工程项目"。《通知》自印发之日起施行。

25. 2019年3月26日，《住房城乡建设部办公厅关于实行建筑业企业资质审批告知承诺制的通知》（建办市〔2019〕20号）下发，决定在全国范围对建筑工程、市政公用工程施工总承包一级资质审批实行告知承诺制。企业根据建设工程企业资质标准作出符合审批条件的承诺，住房城乡建设部依据企业承诺直接办理相关资质审批手续，不再要求企业提交证明材料。依托全国建筑市场监管公共服务平台，在对企业承诺内容进行重点比对核验的同时，着力强化审批事中事后监管力度，实现对企业承诺的业绩现场核查全覆盖。审批事中事后监管中发现申报企业承诺内容与实际情况不相符的（企业技术负责人发生变更除外），住房城乡建设部将依法撤销其相应资质，并列入建筑市场"黑名单"。被撤销资质企业自资质被撤销之日起3年内不得申请该项资质。《通知》规定，2019年4月1日起，住房城乡建设部负责审批的建筑工程、市政公用工程施工总承包一级资质（不含重新核定、延续）实行告知承诺审批。省级住房和城乡建设主管部门自行开发的资质申报系统，应按照统一数据交换标准，与住房城乡建设部建设工程企业资质申报和审批系统进行对接。

26. 2019年6月20日，住房城乡建设部、国家发展和改革委员会、财政部、人力资源和社会保障部、中国人民银行、中国银行保险监督管理委员会联合发布《住房城乡建设部等部门关于加快推进房屋建筑和市政基础设施工程实行工程担保制度的指导意见》（建市〔2019〕68号）。《指导意见》提出，加快推行投标担保、履约担保、工程质量保证担保和农民工工资支付担保。支持银行业金融机构、工程担保公司、保险机构作为工程担保保证人开展工程担保业务。到2020年，各类保证金的保函替代率明显提升；工程担保保证人的风险识别、风险控制能力显著增强；银行信用额度约束力、建设单位及建筑业企业履约能力全面提升。《指导意见》要求，分类实施工程担保制度，一是推行工程保函替代保证金。加快推行银行保函制度，在有条件的地区推行工程担保公司保函和工程保证保险。严格落实国务院清理规范工程建设领域保证金的工作要求，对于投标保证金、履约保证金、工程质量保证金、农民工工资保证金，建筑业企业可以保函的方式缴纳。严禁任何单位和部门将现金保证金挪作他用，保证金到期应当及时予以退还。二是大力推行投标担保。对于投标人在投标有效期内撤销投标文件、中标后在规定期限内不签订合同或未在规定的期限内提交履约担保等行为，鼓励将其纳入投标保函的保证范围进行索赔。招标人到期不按规定退还投标保证金及银行同期存款利息或投标保函的，应作为不良行为记入信用记录。三是着力推行履约担保。招标文件要求中标人提交履约担保的，中标人应当按照招标文件的要求提交。招标人要求中标人提供履约担保的，应当同时向中标人提供工程款支付担保。建设单位和建筑业企业应当加强工程风险防控能力建设。工程担保保证人应当不断提高专业化承保能力，增强风险识别能力，认真开展保中、保后管理，及时做好预警预案，并在违约发生后按保函约定及时代为履行或承担损失赔付责任。四是强化工程质量保证银行保函应用。以银行保函替代工程质量保证金的，银行保函金额不得超过工程价款结算总额的3%。在工程项目竣工前，已经缴纳履约保证金的，建设单位不得同时预留工程质量保证金。建设单位到期未退还保证金的，应作为不良行为记入信用记录。五是推进农民工工资支付担保应用。农民工工资支付保函全部采用具有见索即付性质的独立保函，并实行差别化管理。对被纳入拖欠农民工工资"黑名单"的施工企业，实施失信联合惩戒。工程担保保证人应不断提升专业能力，提前预控农民工工资支付风险。各地住房和城乡建设主管部门要会同人力资源社会保障部门加快应用建筑工人实名制平台，加强对农民工合法权益保障力度，推进建筑工人产业化进程。《指导意见》还要求，加强风险控制能力建设、创新监督管理方式、完善风险防控机制、加强建筑市场监管、加大信息公开力度、推进信用体系建设。

附录3 2018年批准发布的国家标准和行业标准

2018年批准发布的国家标准　　　　　　　　　　　　　　　　表1

序号	标准名称	公告号	标准号
1	有线电视网络工程设计标准	1814	GB/T50200-2018
2	矿山井架设计标准	1817	GB50385-2018
3	石油化工钢制设备抗震设计标准	1811	GB/T50761-2018
4	数字蜂窝移动通信网LTE工程技术标准	1808	GB/T51278-2018
5	同步数字体系（SDH）光纤传输系统工程验收规范	1809	GB/T51281-2018
6	公众移动通信高速铁路覆盖工程技术规范	1810	GB/T51279-2018
7	矿山立井冻结法施工及质量验收标准	1818	GB/T51277-2018
8	有线电视网络工程施工与验收标准	1816	GB/T51265-2018
9	煤炭工业智能化矿井设计规范	1813	GB/T51272-2018
10	石油化工钢制设备抗震鉴定标准	1812	GB/T51273-2018
11	工程泥沙设计标准	1807	GB/T51280-2018
12	煤矿瓦斯抽采工程设计标准	1815	GB50471-2018
13	烟气脱硫工艺设计规范	1835	GB51284-2018
14	建筑装饰装修工程质量验收规范	1834	GB50210-2018
15	建筑合同能源管理节能效果评价标准	1833	GB/T51285-2018
16	煤炭工业供暖通风与空气调节设计标准	1832	GB/T50466-2018
17	腈纶工厂设计标准	1831	GB50488-2018
18	城市道路工程技术规范	1830	GB51286-2018
19	住宅建筑室内振动限值及其测量方法标准	1829	GB/T50355-2018
20	城市轨道交通综合监控系统工程技术标准	1828	GB/T50636-2018
21	电力工程电缆设计标准	1827	GB50217-2018
22	共烧陶瓷混合电路基板厂设计标准	2018第20号	GB51291-2018
23	无缝钢管工程设计标准	2018第21号	GB/T50398-2018

续表

序号	标准名称	公告号	标准号
24	煤炭工业露天矿矿山运输工程设计标准	2018第22号	GB51282-2018
25	建筑地基基础工程施工质量验收规范	2018第23号	GB50202-2018
26	工程振动术语和符号标准	2018第24号	GB/T51306-2018
27	节水灌溉工程技术标准	2018第25号	GB/T50363-2018
28	球团机械设备工程安装及质量验收标准	2018第26号	GB/T50551-2018
29	橡胶工厂职业安全卫生设计标准	2018第27号	GB/T50643-2018
30	水工建筑物抗震设计标准	2018第28号	GB51247-2018
31	煤炭企业总图运输设计规范	2018第29号	GB51276-2018
32	城市轨道交通信号工程施工质量验收标准	2018第30号	GB/T50578-2018
33	煤炭工业露天矿土地复垦工程设计标准	2018第31号	GB51287-2018
34	灌溉与排水工程设计标准	2018第32号	GB50288-2018
35	无线通信室内覆盖系统工程技术标准	2018第33号	GB/T51292-2018
36	城市轨道交通自动售检票系统工程质量验收标准	2018第76号	GB/T50381-2018
37	大体积混凝土施工标准	2018第77号	GB50496-2018
38	城市轨道交通线网规划标准	2018第78号	GB/T50546-2018
39	钢围堰技术规范	2018第79号	GB/T51295-2018
40	煤炭工业露天矿边坡工程设计标准	2018第90号	GB51298-2018
41	非煤矿山井巷工程施工组织设计标准	2018第88号	GB/T51300-2018
42	铋冶炼厂工艺设计规范	2018第87号	GB51299-2018
43	矿山斜井冻结法施工及质量验收标准	2018第85号	GB/T51288-2018
44	地铁设计防火标准	2018第89号	GB51298-2018
45	有色金属矿山排土场设计标准	2018第86号	GB50421-2018
46	安全防范工程技术标准	2018第84号	GB50348-2018
47	民用建筑太阳能热水系统应用技术标准	2018第138号	GB50364-2018
48	工程建设勘察企业质量管理标准	2018第139号	GB/T50379-2018
49	码头船舶岸电设施工程技术规范	2018第140号	GB/T51305-2018
50	船舶液化天然气加注站设计标准	2018第141号	GB/T51312-2018
51	城市居住区规划设计标准	2018第142号	GB50180-2018
52	塔式太阳能光热发电站设计标准	2018第143号	GB/T51307-2018

续表

序号	标准名称	公告号	标准号
53	民用爆炸物品工程设计安全标准	2018第144号	GB50089-2018
54	混凝土升板结构技术标准	2018第145号	GB/T50130-2018
55	地下铁道工程施工标准	2018第146号	GB/T51310-2018
56	风景名胜区详细规划标准	2018第147号	GB/T51294-2018
57	地下铁道工程施工质量验收标准	2018第148号	GB/T50299-2018
58	建筑中水设计标准	2018第149号	GB50336-2018
59	木骨架组合墙体技术规范	2018第150号	GB/T50361-2018
60	消防应急照明和疏散指示系统技术标准	2018第151号	GB51309-2018
61	医药工艺用气系统工程设计标准	2018第196号	GB/T51319-2018
62	石油化工工程数字化交付标准	2018第197号	GB/T51296-2018
63	平板玻璃工厂环境保护设施设计标准	2018第198号	GB/T50559-2018
64	洪泛区和蓄滞洪区建筑工程技术标准	2018第199号	GB/T50181-2018
65	城市综合防灾规划标准	2018第200号	GB/T51327-2018
66	风景名胜区总体规划标准	2018第201号	GB/T50298-2018
67	城市环境规划标准	2018第202号	GB/T51329-2018
68	烧结砖瓦工厂节能设计标准	2018第203号	GB/T50528-2018
69	城市综合交通体系规划规范	2018第204号	GB/T51328-2018
70	工业建筑防腐蚀设计标准	2018第205号	GB/T50046-2018
71	建设工程化学灌浆材料应用技术规范	2018第206号	GB/T51320-2018
72	电子工业厂房综合自动化工程技术标准	2018第207号	GB51321-2018
73	烟气二氧化碳捕集纯化工程设计标准	2018第208号	GB/T51316-2018
74	核电厂建构筑物维护及可靠性鉴定标准	2018第209号	GB/T51323-2018
75	工业安装工程施工质量验收统一标准	2018第210号	GB/T50252-2018
76	风光储联合发电站调试与验收规范	2018第211号	GB/T51311-2018
77	电动汽车分散充电设施技术标准	2018第212号	GB/T51313-2018
78	建筑废弃物再生工厂设计标准	2018第213号	GB51322-2018
79	架空电力线路、变电站(所)对电视差转台、转播台无线电干扰防护间距标准	2018第214号	GB50143-2018
80	射频识别监控管理系统技术规范	2018第215号	GB/T51315-2018
81	数据中心基础设施运行维护标准	2018第216号	GB/T51314-2018

续表

序号	标准名称	公告号	标准号
82	330kV～750kV架空输电线路勘测标准	2018第217号	GB/T50548-2018
83	通信管道工程施工及验收规范	2018第218号	GB/T50374-2018
84	钛冶炼厂工艺设计标准	2018第248号	GB51326-2018
85	城市综合交通调查技术标准	2018第249号	GB/T51334-2018
86	历史文化名城保护规划标准	2018第250号	GB/T50357-2018
87	城市轨道交通给水排水系统技术标准	2018第251号	GB/T51293-2018
88	钢铁冶金企业设计防火规范	2018第252号	GB50414-2018
89	小型水电站施工安全规范	2018第253号	GB51304-2018
90	船厂工业地坪设计规范	2018第254号	GB51303-2018
91	生产建设项目水土保持技术标准	2018第255号	GB/T50433-2018
92	城市环境卫生设施规划标准	2018第256号	GB/T50337-2018
93	生产建设项目水土保持监测与评价标准	2018第257号	GB/T51240-2018
94	水土保持工程调查与勘测规范	2018第258号	GB/T51297-2018
95	生产建设项目水土流失防治标准	2018第259号	GB/T50434-2018
96	铁矿球团工程设计标准	2018第260号	GB/T50491-2018
97	煤焦化粗苯加工工程设计标准	2018第261号	GB/T51325-2018
98	地下结构抗震设计标准	2018第262号	GB/T51336-2018
99	建筑结构可靠性设计统一标准	2018第263号	GB50666-2018
100	声屏障结构技术规范	2018第264号	GB/T51335-2018
101	岩溶地区建筑地基基础技术规范	2018第265号	GB/T51238-2018
102	非煤矿山采矿术语标准	2018第292号	GB/T51339-2018
103	架空绝缘配电线路设计规范	2018第291号	GB51302-2018
104	分布式电源并网工程调试与验收标准	2018第290号	GB/T51338-2018
105	电气装置安装工程电缆线路施工及验收标准	2018第289号	GB50168-2018
106	电气装置安装工程旋转电机施工及验收标准	2018第288号	GB50170-2018
107	核电站钢板混凝土结构技术标准	2018第287号	GB/T51340-2018
108	煤焦化焦油加工工程设计标准	2018第286号	GB/T51331-2018
109	含硝基苯类化合物废水处理设施工程技术标准	2018第285号	GB/T51332-2018
110	建筑防腐蚀工程施工质量验收标准	2018第284号	GB/T50224-2018

续表

序号	标准名称	公告号	标准号
111	厚膜陶瓷基板生产工厂设计标准	2018第283号	GB51333-2018
112	石油化工企业设计防火标准	2018第325号	GB50160-2008
113	城镇老年人设施规划规范	2018第334号	GB50437-2007
114	电力工程术语标准	2018第341号	GB/T50297-2018
115	电子工程节能施工质量验收标准	2018第342号	GB/T51342-2018
116	海绵城市建设评价标准	2018第343号	GB/T51345-2018
117	微电网工程设计标准	2018第344号	GB/T51341-2018
118	建筑信息模型设计交付标准	2018第345号	GB/T51301-2018
119	真空电子器件生产线设备安装技术标准	2018第346号	GB51343-2018
120	室外给水设计标准	2018第347号	GB50013-2018

2018年批准发布的行业标准　　　　　　　　　　表2

序号	标准名称	公告号	标准号
1	农村危险房屋加固技术标准	1796	JCJ/T426-2018
2	桩基地热能利用技术标准	1797	JCJ/T438-2018
3	建筑工程施工现场监管信息系统技术标准	1798	JCJ/T434-2018
4	预弯预应力组合桥梁技术标准	1846	CJJ/T276-2018
5	建筑施工易发事故防治安全标准	1845	JGJ/T429-2018
6	擦窗机安装工程质量验收标准	1844	JGJ/T150-2018
7	建筑装饰装修工程成品保护技术规程	1843	JGJ/T150-2018
8	玻璃纤维增强水泥（GRC）建筑应用技术规程	1842	JGJ/T423-2018
9	城市地下病害体综合探测与风险评估技术标准	1841	JGJ/T437-2018
10	自动导向轨道交通设计标准	1840	CJJ/T277-2018
11	装配式环筋扣合锚接混凝土剪力墙结构技术规程	1839	JGJ/T430-2018
12	建筑施工模板和脚手架试验标准	1838	JGJ/T414-2018
13	自流平地面工程技术标准	1837	JGJ/T175-2018
14	市政工程施工安全检查标准	2018第1号	CJJ/T275-2018
15	咬合式排桩技术规程	2018第2号	JGJ/T396-2018

续表

序号	标准名称	公告号	标准号
16	公共租赁住房运行管理标准	2018第3号	JGJ/T433-2018
17	载体桩技术标准	2018第4号	JGJ/T135-2018
18	既有建筑地基基础检测技术规程	2018第5号	JGJ/T422-2018
19	蓄能空调工程技术规程	2018第6号	JGJ158-2018
20	施工现场模块化设施技术标准	2018第7号	JGJ/T435-2018
21	桥梁悬臂浇筑施工技术标准	2018第48号	CJJ/T281-2018
22	工业化住宅尺寸协调标准	2018第49号	JGJ/T445-2018
23	城镇桥梁沥青混凝土桥面铺装施工技术标准	2018第50号	CJJ/T279-2018
24	纤维增强复合材料工程应用技术标准	2018第51号	CJJ/T280-2018
25	民用建筑绿色性能计算标准	2018第97号	JGJ/T449-2018
26	土壤固化剂应用技术标准	2018第96号	CJJ/T286-2018
27	建材及装饰材料经营场馆建筑设计标准	2018第95号	JGJ/T452-2018
28	弱电工职业技能标准	2018第186号	JGJ/T428-2018
29	监狱建筑设计标准	2018第187号	JGJ446-2018
30	住宅建筑室内装修污染控制技术标准	2018第188号	JGJ/T436-2018
31	冷弯薄壁型钢多层住宅技术规程	2018第189号	JGJ/T421-2018
32	建筑工程逆作法技术规程	2018第190号	JGJ432-2018
33	聚乙烯燃气管道工程技术标准	2018第231号	CJJ63-2018
34	热力机械顶管技术规程	2018第232号	CJJ/T284-2018
35	城镇排水系统电气与自动化工程技术标准	2018第230号	CJJ/T120-2018
36	园林绿化工程盐碱地改良技术标准	2018第267号	CJJ/T283-2018
37	园林绿化养护标准	2018第268号	CJJ/T287-2018
38	内置保温现浇混凝土复合剪力墙技术标准	2018第269号	JGJ/T451-2018
39	地铁限界标准	2018第270号	CJJ/T96-2018
40	边坡喷播绿化工程技术标准	2018第271号	CJJ/T292-2018
41	碱矿渣混凝土应用技术规程	2018第314号	JGJ/T439-2018
42	液压爬升模板工程技术标准	2018第313号	JGJ/T195-2018
43	建筑工程设计信息模型制图标准	2018第312号	JGJ/T448-2018
44	既有建筑地基可靠性鉴定标准	2018第311号	JGJ/T404-2018
45	一体化预制泵站工程技术标准	2018第310号	CJJ/T285-2018

续表

序号	标准名称	公告号	标准号
46	长螺旋钻孔压灌桩技术规程	2018第309号	JGJ/T419-2018
47	住宅排气管道系统工程技术标准	2018第308号	JGJ/T445-2018
48	严寒和寒冷地区居住建筑节能设计标准	2018第327号	JGJ26-2018
49	装配式整体厨房应用技术标准	2018第326号	JGJ/T447-2018
50	城市轨道交通隧道结构养护技术标准	2018第324号	CJJ/T289-2018
51	住宅新风系统技术标准	2018第323号	JGJ/T440-2018
52	城镇环境卫生设施除臭技术标准	2018第322号	JGJ274-2018
53	再生混合混凝土组合结构技术标准	2018第321号	JGJ/T443-2018
54	烧结保温砌块应用技术标准	2018第320号	JGJ/T447-2018
55	预制混凝土外挂墙板应用技术标准	2018第338号	JGJ/T458-2018
56	城市轨道交通架空接触网技术标准	2018第337号	CJJ/T288-2018
57	装配式整体卫生间应用技术标准	2018第336号	JGJ/T467-2018
58	城镇供水管网漏损控制及评定标准	2018第335号	CJJ92-2016

附录4 部分国家建筑业情况

法国、德国、英国和日本建筑业增加值及其在 GDP 中的比重　　表1

年份	法国		德国		英国		日本	
	建筑业增加值（十亿欧元）	占GDP比重（%）	建筑业增加值（十亿欧元）	占GDP比重（%）	建筑业增加值（十亿英镑）	占GDP比重（%）	建筑业增加值（十亿日元）	占GDP比重（%）
2009	110.00	5.67	93.56	3.81	82.57	5.57	26900	5.71
2010	109.00	5.45	102.00	3.96	83.87	5.38	26200	5.43
2011	111.00	5.39	109.00	4.04	86.79	5.37	26500	5.62
2012	115.00	5.5	111.00	4.04	83.22	5.03	26700	5.64
2013	114.00	5.39	115.00	4.09	85.88	5.01	27914	5.86
2014	108.32	5.67	120.74	4.60	100.60	6.22	27733	5.86
2015	106.16	5.44	124.76	4.57	101.94	6.12	31185	5.92
2016	109.59	5.50	134.94	5.60	108.12	6.19	29371	5.51
2017	112.06	5.49	144.30	4.88	111.89	6.14	29334	5.41

数据来源：National Accounts Official Country Data，United Nations Statistics Division。

2014-2018 年法国和德国营建产出及其增长率（2015 年＝100）　　表2

年月	法国		德国	
	营建产出	同比增长率	营建产出	同比增长率
2014-01	105.57	5.36	104.70	13.70
2014-02	104.68	1.40	105.50	16.30
2014-03	104.48	1.72	102.20	12.90
2014-04	103.32	−1.64	102.30	3.80
2014-05	101.61	−3.15	99.80	1.30
2014-06	103.38	−2.80	101.60	1.30

续表

年月	法国		德国	
	营建产出	同比增长率	营建产出	同比增长率
2014-07	101.76	-4.66	101.50	0.20
2014-08	101.13	-5.28	100.70	-0.60
2014-09	100.75	-6.14	100.90	-0.20
2014-10	100.96	-4.38	100.90	-0.30
2014-11	99.19	-5.70	101.20	-0.90
2014-12	100.69	-5.89	102.30	-0.70
2015-01	102.23	-3.16	101.30	-7.40
2015-02	99.09	-5.34	99.00	-9.30
2015-03	101.51	-2.84	100.30	-2.20
2015-04	99.29	-3.90	99.90	-3.00
2015-05	101.43	-0.18	100.40	-0.10
2015-06	100.28	-3.00	98.50	-3.30
2015-07	99.62	-2.10	98.90	-2.30
2015-08	96.99	-4.09	100.50	-0.10
2015-09	100.22	-0.53	98.60	-2.50
2015-10	100.04	-0.91	98.60	-2.60
2015-11	101.57	2.40	99.00	-1.70
2015-12	97.74	-2.93	100.80	4.10
2016-01	104.26	1.99	103.50	3.50
2016-02	96.79	-2.32	107.20	11.50
2016-03	95.15	-6.27	106.60	6.60
2016-04	96.73	-2.58	104.50	4.90
2016-05	98.58	-2.81	104.30	4.00
2016-06	98.64	-1.64	104.80	6.00
2016-07	101.02	1.41	105.90	6.60
2016-08	101.93	5.09	105.50	4.80
2016-09	101.22	1.00	105.20	6.00

续表

年月	法国		德国	
	营建产出	同比增长率	营建产出	同比增长率
2016-10	102.28	2.24	104.80	5.30
2016-11	102.66	1.07	105.20	5.30
2016-12	100.40	2.72	105.90	4.50
2017-01	99.54	−4.53	100.50	−4.40
2017-02	104.03	7.48	108.80	2.10
2017-03	101.64	6.82	109.80	3.20
2017-04	102.75	6.22	110.80	6.20
2017-05	102.87	4.35	109.60	5.20
2017-06	102.29	3.70	109.50	4.20
2017-07	102.82	1.78	109.20	2.80
2017-08	102.42	0.48	108.80	3.00
2017-09	102.78	1.54	109.70	3.90
2017-10	102.75	0.46	108.80	3.20
2017-11	102.33	−0.32	109.70	3.70
2017-12	107.63	7.20	109.30	2.90
2018-01	100.45	−0.08	109.7	16.9
2018-02	102.05	−1.4	104.8	−1.2
2018-03	98.03	−2.99	106.4	−1.7
2018-04	103.68	0.24	107.9	−2.7
2018-05	99.44	−4.35	110.8	1.3
2018-06	103.61	1.98	108.8	−1
2018-07	102.56	−0.73	109	−0.6
2018-08	102.65	−0.36	108.5	−1.4
2018-09	106.22	4.38	111.3	0.6
2018-10	101.56	−1.47	109.9	−0.3
2018-11	102.68	0.16	110.1	−1.1
2018-12	106.36	−0.26	111	1.1

数据来源：欧盟统计局，Wind 数据库。

美国建筑业增加值及占 GDP 比重（单位：十亿美元，%）　　表3

年份	建筑业增加值	建筑业增加值占GDP比重(%)
1998	381	4.2
1999	418	4.3
2000	462	4.5
2001	488	4.6
2002	495	4.5
2003	527	4.6
2004	588	4.8
2005	654	5.0
2006	698	5.0
2007	715	4.9
2008	653	4.4
2009	577	4.0
2010	542	3.6
2011	547	3.5
2012	584	3.6
2013	621	3.7
2014	674	3.9
2015	740	4.1
2016	793	4.3
2017	826	4.3
2018	840	4.1

数据来源：美国经济分析局，Wind 数据库。

日本以投资者分类的新开工建筑面积（单位：千平方米）　　表4

年份	总计	中央政府	都道府县	市町村	企业	非企业团体	个人
1985	199560	4525	4703	11234	66998	11193	100907
1990	283421	4591	5542	12878	128226	12870	119315
1995	228145	4505	5754	11045	80475	13438	112927
2000	200259	3815	3791	8115	79295	14200	91043

续表

年份	总计	中央政府	都道府县	市町村	企业	非企业团体	个人
2005	186058	1695	1975	5591	93126	11379	72293
2009	115486	1472	1641	4920	47428	7720	52306
2010	121455	1178	1751	5343	48751	10278	54154
2011	126509	1207	1963	5299	51874	12379	53786
2012	132609	1168	1867	5567	57752	10933	55321
2013	147673	1299	2030	6257	63439	12287	62360
2014	134021	1122	2308	6286	59960	12218	52127
2015	129624	876	1667	4803	61894	9107	51277
2016	132962	1306	1671	4422	64458	9076	52028
2017	134679	830	1809	4399	69235	8380	50025

数据来源：日本统计年鉴2019。

日本以投资者分类的新开工建筑成本估计值（单位：十亿日元）　表5

年份	总计	中央政府	都道府县	市町村	企业	非企业团体	个人
1985	23223	647	661	1626	7764	1473	11053
1990	49291	890	1088	2553	24302	2618	17840
1995	37892	985	1335	2752	11737	2691	18391
2000	31561	849	836	1836	10569	2790	14682
2005	28027	305	397	1073	12694	2058	11500
2009	20407	314	341	1069	8192	1622	8869
2010	20691	236	382	1164	7735	1999	9175
2011	21303	230	408	1151	7932	2427	9154
2012	22026	228	389	1186	8550	2177	9496
2013	25436	302	460	1436	9773	2599	10866
2014	24606	264	534	1607	9934	2892	9375
2015	25139	247	409	1271	11450	2321	9441
2016	26315	464	445	1258	12007	2468	9673
2017	27698	281	650	1306	13760	2282	9419

数据来源：日本统计年鉴2019。

日本以构造类型分类的新开工建筑面积（单位：千平方米）　　表 6

年份	木质建筑	钢结构或者混凝土建筑	混凝土建筑	钢结构建筑	混凝土砌块建筑	其他
1985	70493	17748	42571	67926	528	293
1990	85397	32288	58061	106841	460	374
1995	84167	17775	43847	81575	351	431
2000	72023	17245	37565	72804	156	465
2005	63270	5440	46640	70067	101	540
2009	48225	2753	24280	39693	79	456
2010	52255	2818	25190	40609	88	494
2011	52799	2982	28994	41115	87	532
2012	54804	2404	29891	44753	103	653
2013	61969	3424	29846	51529	123	783
2014	53498	3201	27224	49225	93	780
2015	53615	2781	23233	49077	90	828
2016	56579	2289	23817	49113	109	1054
2017	56157	2484	24264	50787	87	900

数据来源：日本统计年鉴 2019。

日本以构造类型分类的新开工建筑成本估计值（单位：十亿日元）　　表 7

年份	木质建筑	钢结构或者混凝土建筑	混凝土建筑	钢结构建筑	混凝土砌块建筑	其他
1985	7352	3057	6155	6586	51	22
1990	11248	9260	12947	15753	51	32
1995	13328	4067	8726	11682	44	45
2000	11454	3523	6861	9636	27	60
2005	9616	1010	8000	9305	12	84
2009	7554	730	5318	6731	13	60
2010	8182	638	5187	6622	13	49
2011	8280	711	5712	6537	13	50

续表

年份	木质建筑	钢结构或者混凝土建筑	混凝土建筑	钢结构建筑	混凝土砌块建筑	其他
2012	8642	537	5798	6967	19	62
2013	9911	877	6083	8467	19	79
2014	8722	884	6209	8688	16	86
2015	8868	908	5583	9683	15	82
2016	9391	706	6055	10024	20	120
2017	9366	871	6444	10903	19	95

数据来源：日本统计年鉴2019。